Prólogo a la primera impresión
Septiembre de 1986

Este folleto narra parte de la historia de la empresa Hormel, de su insaciable ansia de "ganancias a cualquier precio" y de cómo un grupo de gente comprende que el hacer concesiones a la patronal no es la solución y que hay que luchar, por más dificultades que se interpongan en su camino.

A pesar de estas dificultades —una ciudad bajo el control de la compañía, una policía local dominada por la empresa, la Guardia Nacional de Minnesota, un sistema judicial discriminatorio y la traición de la Secretaría Nacional del sindicato de la alimentación UFCW—, los combativos miembros del Local P-9 y sus partidarios están decididos a continuar su lucha hasta que todos ellos regresen a sus puestos de trabajo.

La ayuda y la solidaridad sin precedentes de un gran número de organizaciones religiosas, civiles y sindicales, ha hecho posible que el boicot de los productos Hormel se sienta por todo el mundo.

Este folleto merece su atención, porque con nuestra lucha se puede identificar todo trabajador que ha sentido el azote de las demandas de la patronal. Y para los que todavía no han sentido esta degradación de su dignidad, somos gente que ha dicho ¡basta ya!

Jim Guyette
presidente del Local P-9
del sindicato de la
alimentación UFCW

Prefacio del autor

El material utilizado en la elaboración de este folleto es fruto de investigación y observaciones en Austin, Minnesota, durante la primavera y el verano de 1986. Para elaborarlo he recurrido, en gran medida, a entrevistas personales con miembros del Local P-9 del sindicato de la alimentación UFCW (United Food and Commercial Workers Union), quienes generosamente me han cedido su tiempo.

Para las referencias históricas he utilizado, además, otros materiales escritos, entre los que se encuentran dos libros: *En búsqueda de calidad: los primeros 75 años de Hormel (In Quest of Quality—Hormel's First 75 Years)*, publicado por George A. Hormel & Company, Austin, Minnesota, 1966; y *Hacia un proceso de trabajo democrático: el experimento de los obreros de la carne de Hormel (Toward a Democratic Work Process: The Hormel Packinghouse Workers' Experiment)*, por Fred H. Blum, editorial Harper, Nueva York, 1953.

Especialmente útil fue el trabajo, todavía inédito, presentado en la "Conferencia de 1986 sobre la Historia del Valle del Missouri", celebrada el 15 de marzo en Omaha (Nebraska) bajo el título *La órbita de Austin: sindicalización regional en la industria de la carne, 1933–1943 (The Austin Orbit: Regional Union Organizing in Meat Packing, 1933–1943)*, por Rick Halpern, del departamento de historia de la Universidad de Pennsylvania, y Roger Horowitz, del departamento de historia de la Universidad de Wisconsin en Madison.

También he utilizado documentos actuales del sindicato. Cuando hago uso de los mismos citándolos literalmente doy a conocer su fuente. A menudo cito la declaración presentada ante un tribunal federal por el presidente del Local P-9, Jim Guyette, el 16 de mayo de 1986. Dicho documento formaba parte de la apelación ante el tribunal federal de distrito en Minnesota, destinada a impedir la puesta en práctica de la decisión de los altos funcionarios de la Secretaría Nacional del UFCW —tomada con anterioridad ese mismo mes— de intervenir al local. La declaración de Guyette da cuenta detallada de la lucha librada por el Local P-9 y por otros locales frente a los ataques de la Hormel, y los esfuerzos de los altos funcionarios del UFCW para sabotear su resistencia.

Cuando cito a algunos de los participantes, como Jim Guyette, sin indicar las fuentes es porque éstas son fruto de las entrevistas personales.

Los sucesos más destacados aparecen cronológicamente al final del folleto.

Todos los materiales presentados a continuación, así como cualquier posible error, caen bajo mi responsabilidad.

Fred Halstead
29 de julio de 1986.

Jim Guyette con Karen Lantz, dirigente de las azafatas en huelga contra la TWA, en un acto de solidaridad de mil personas, celebrado en Nueva York el 14 de marzo de 1986.

Huelguistas de la Hormel enfrentan a rompehuelgas a principios de 1986.

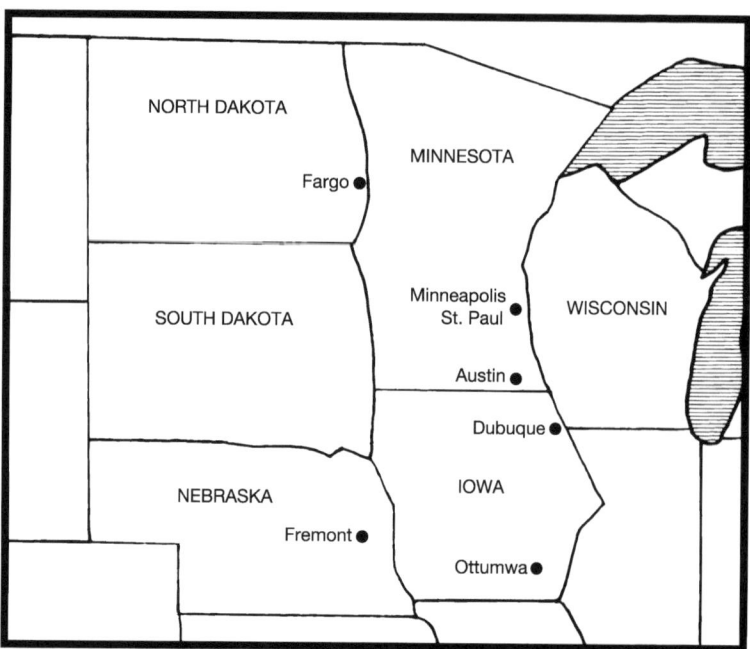

La huelga de los obreros de la carne contra la Hormel en Austin, Minnesota: 1985-86

Los 1500 trabajadores de la carne en la empresa George A. Hormel & Company de Austin, Minnesota, salieron en huelga por un nuevo contrato el 17 de agosto de 1985. Los obreros eran miembros del Local P-9 del sindicato de la alimentación UFCW, afiliado a la federación sindical norteamericana AFL-CIO. (La letra *P* —de *packinghouse*— identifica en inglés el nombre de la industria de la carne). Reivindicaban la recuperación de los salarios y prestaciones que la empresa había recortado drásticamente el año anterior. Más importante, sin embargo, era lo relativo a seguridad laboral.

El año anterior a la huelga, la planta de la Hormel en Austin alcanzó uno de los índices más altos de accidentes laborales en toda la industria de la carne en Estados Unidos. Aquel año se produjeron 202 lesiones por cada 100 trabajadores. El promedio industrial nacional era entonces de un 10 por ciento, mientras que en la industria de la carne era del 33 por ciento. En 1984, la tercera parte de los trabajadores de la planta en Austin habían sufrido lesiones suficientemente serias como para perder horas de trabajo.

En octubre de 1984, los miembros del Local P-9 vieron reducidos sus salarios en un 23 por ciento, de 10.69 a 8.25 dólares la hora. Esta reducción representaba un promedio de unos 100 dólares semanales por trabajador.

Seis meses más tarde, un mediador laboral estableció el salario en 8.75 dólares la hora, pero permitió que la compañía recortara aun más las prestaciones, incluyendo el seguro médico proporcionado por la empresa. A todos estos recortes se les dio carácter retroactivo desde el 3 de septiembre de 1984.

Los trabajadores que durante todo este tiempo habían hecho uso del seguro médico, para ellos mismos o su familia, se vieron súbitamente endeudados con la compañía: la retroactividad de estas medidas había dejado sus consultas médicas y dentales sin cubrir. En algunos casos esto supuso miles de dólares, en otros algunos cientos. La empresa sustrajo estas cantidades, poco a poco, de sus ya menguados cheques semanales.

Otras prestaciones, como por ejemplo las referentes a uniformes de trabajo y al tiempo permitido para cambiarse de ropa, fueron eliminadas bajo la nueva reglamentación y tuvieron que ser pagadas retroactivamente por los trabajadores.

Algunas medidas tenían más implicaciones que las puramente económicas. Por ejemplo, se eliminó el tiempo permitido a los trabajadores para afilar sus cuchillos. Económicamente, esto significaba menos de 5 dólares semanales, pero en lo sucesivo los cuchillos que utilizaran ya habrían sido afilados con anterioridad y no podrían hacerlo ellos mismos.

Los obreros con más antigüedad explican que cada persona empuña y utiliza los cuchillos en formas ligeramente distintas. A medida que adquieren experiencia aprenden la forma más precisa de afilarlos de acuerdo al uso que hacen exactamente los mismos que aceptaron el acuerdo de 1978. Desde que se abrió la nueva planta fueron empleados 1100 trabajadores. Pero incluso aquellos que trabajaron en ambas instalaciones durante ese período de siete años, pensaban ahora de una manera distinta debido a las brutales prácticas de la gerencia de la nueva planta.

* * *

El Local P-9 no se lanzó a la huelga cuando la compañía recortó los salarios en un 23 por ciento en octubre de 1984, porque era ilegal hasta agosto de 1985, mes en que vencería el acuerdo de 1978 que contenía el apartado de no salir en huelga durante siete años. Además, el sindicato local estaba seguro de que a través de procedimientos de arbitraje laboral podría anular estos recortes que habían sido incluidos en el contrato antes de su vencimiento. El local fundamentó sus esperanzas en dos hechos:

En primer lugar, el resumen del contrato que había congelado los salarios y que había sido negociado para los trabajadores de la Hormel por los funcionarios de la Secretaría Nacional del UFCW en 1981 decía lo siguiente: "El ajuste salarial por el costo de la vida —vigente en este momento— se incorporará en los salarios por hora, y no se aumentarán o reducirán los salarios por hora durante el plazo restante del presente acuerdo, ni durante el período de 1982 a 1985 del acuerdo".

En segundo lugar, en un caso idéntico entre otro local del UFCW y la compañía Oscar Mayer —en cuyo contrato se establecía también un congelamiento salarial—, el mediador laboral declaró ilegales los recortes salariales.

El resumen del contrato estableciendo la congelación de salarios había sido preparado por Lewie Anderson, director del UFCW para la industria de la carne, y distribuido entre los miembros del Local P-9 antes de que lo ratificaran en 1981. El mismo Anderson se presentó ante una asamblea del local para explicar el contrato antes que se llevara a cabo la votación. Él afirmó que no contenía reducciones en el salario base, lo cual fue presentado como una de las justificaciones para aceptar las otras demandas de la patronal contenidas en el contrato. Entre estas demandas se encontraba la eliminación, después del primer año, de los incrementos periódicos por el aumento en el costo de la vida. Esta concesión, dijo Anderson, había sido negociada para impedir que la compañía recortara el salario base.

Los miembros del P-9 no vieron el texto completo del contrato. Aceptaron como fidedigno el resumen preparado por Anderson, pero no lo era.

En diciembre de 1984, mientras los dirigentes del local estudiaban la forma de enfrentar los recortes salariales impuestos en octubre, les informó Robert Nichols, el abogado que habían contratado —quien además trabajaba para la Secretaría Nacional del UFCW—, que la sección del resumen que protegía los índices salariales, no aparecía en el texto completo del contrato. Esto significaba que el local no podría utilizarlo al presentar el caso ante el árbitro laboral. Como resultado, el árbitro dictaminó que la compañía tenía el derecho de recortar los salarios y prestaciones de los trabajadores.[3]

---

3. Los procedimientos legales en torno a este caso son demasiado complejos como para describirlos en este folleto. Sin embargo, cabe decir que tenían que ver con una cláusula que provenía del acuerdo de 1940 y que había pasado de contrato en contrato hasta reflejarse en el de 1978. Tradicionalmente, el mismo salario base que se estableciera para los trabajadores de las mayores empresas sindicalizadas de la carne, era aplicado automáticamente a los obreros de la Hormel. Desde 1940 hasta 1978 siempre había significado un incremento en el salario base. Pero ya en 1984, los funcionarios nacionales del sindicato habían aprobado tantos contratos otorgando concesiones a la patronal de esta

El presidente del Local P-9, Jim Guyette, elegido en diciembre de 1983, exigió una explicación a los funcionarios de la Secretaría Nacional acerca de lo que había sucedido con esa parte del texto. Pero no llegó respuesta alguna. Anderson y el abogado Nichols dijeron que había sido un error al escribirlo.

En febrero de 1985, la Junta Ejecutiva del Local P-9 levantó cargos contra Anderson, director del UFCW para la industria de la carne, exigiendo que explicara la omisión en el texto. El presidente del UFCW, William Wynn, se negó a escuchar las acusaciones, invalidándolas en base a falsos pretextos técnicos. Aunque el Local P-9 apeló a la Junta Ejecutiva Nacional del sindicato, ésta se mostró de acuerdo con la posición de Wynn.

Todavía no se ha producido una explicación satisfactoria en torno a lo que sucedió con el mencionado texto.

Anderson explicó descaradamente la omisión del texto diciendo que no tenía importancia, ya que en cualquier caso, un resumen del contrato jamás podría pretender ser una descripción precisa de la totalidad del mismo.

Guyette dice que, desde comienzos de 1981, había exigido repetidamente ver el contrato. Siempre le respondieron que los abogados estaban todavía trabajando en él. "Así que les dije —recuerda Guyette— que me diesen lo que tuvieran". Pero no llegó a verlo hasta diciembre de 1984.

* * *

El sindicato de la alimentación UFCW (United Food and Comercial Workers Union), el organismo nacional al cual está afiliado el Local P-9, es relativamente nuevo.

---

industria, que el salario predominante había caído drásticamente. Y la Hormel insistía en continuar manteniendo la misma norma.

Su origen se remonta a la fusión, completada en 1978-79, entre el sindicato de empleados en ventas al por menor y supermercados (Retail Clerks International Union) y el Sindicato Combinado de Obreros de la Carne y Carniceros (Amalgamated Meat Cutters and Butcher Workmen), que a su vez se había fusionado con el Sindicato Unido de Obreros de la Carne (United Packinghouse Workers of America) en 1969.[4]

Sin embargo, el Local P-9 es uno de los locales industriales más antiguos en la industria de la carne en Estados Unidos. Organizado en 1933 en la planta Hormel, fue establecido —o mejor dicho, se estableció a sí mismo— como el Local 1 del Sindicato Independiente de Todos los Trabajadores (Independent Union of All Workers). Ese mismo año, y después de tres días de huelga, el Local 1 consiguió su primer aumento salarial. Fue la primera huelga con ocupación durante el auge huelguístico de los años 30 en Estados Unidos.

* * *

Tal vez parezca extraño a los de afuera, pero uno de los carteles que a veces portan los huelguistas del P-9 declara: "A Jay Hormel sí que le importábamos". Jay C. Hormel era hijo del fundador de la compañía y director ejecutivo de la

---

4. El sindicato de la alimentación UFCW cuenta con alrededor de un millón 300 mil miembros, distribuidos de la siguiente manera: 800 mil en ventas al por menor (la mayoría de ellos empleados de tiendas de comestibles), el 61 por ciento; 250 mil en la industria avícola y derivados, el 19 por ciento; 150 mil en otras profesiones (barberos, maquilladores, empleados en clínicas de reposo, etcétera), el 12 por ciento; y 100 mil en la industria de la carne, el 8 por ciento. (Estas cifras han sido tomadas de un folleto distribuido por el Sindicato Norteamericano de Obreros de la Carne —North American Meat Packers Union— en julio de 1986).

misma desde 1929 hasta su muerte en 1954.

Durante las primeras décadas de este siglo los trabajadores de la industria de la carne tendían a ser "buscadores de suerte", obreros itinerantes que seguían los trabajos estacionales que tenían que realizarse con prontitud —tales como el sacrificio de ganado ovino, bovino y porcino— para inmediatamente desplazarse a otro lugar. Estos obreros sufrían largos período s sin trabajo durante sus migraciones forzosas. Cuando por fin encontraban trabajo se alojaban en casuchas en las afueras de la ciudad, y no eran muy respetados por el resto de la comunidad.

Se cuenta que se había escuchado a M.B. Thompson, antiguo presidente de la empresa Hormel, quejarse en el club de la alta sociedad acerca de las cómodas viviendas de las que gozaban los trabajadores en Austin. "Antes de que me muera estarán viviendo en barracones de cartón", se dice que declaró. La historia se ha convertido en leyenda y por ello a menudo en las manifestaciones del P-9 se puede ver uno de estos barracones.

Jay Hormel tenía dificultades para mantener a los diestros obreros de la carne en las proximidades de Austin, listos a trabajar cuando él los necesitara. Poco después de hacerse cargo de las operaciones de la compañía y para resolver este problema, estableció algo así como un salario anual garantizado para algunos trabajadores en la planta de Austin.

Jay Hormel reconoció el sindicato en julio de 1933, pero fue necesaria la huelga con ocupación en noviembre para conseguir un aumento salarial. Hormel intentó aplastar la huelga pidiendo al gobernador Floyd B. Olson que enviara sus tropas contra los trabajadores. Olson movilizó 300 efectivos de la Guardia Nacional de Minnesota como parte de los preparativos para enviarlos a Austin, pero con anterioridad él mismo se presentó en Austin como mediador en el conflicto.

Hormel dijo que quería evitar un baño de sangre. Además, la carne almacenada, cuyo valor ascendía a varios millones de dólares, podría llegar a pudrirse si los refrigeradores de la planta se desconectaran por cualquier período de tiempo. Así que Jay Hormel finalmente aceptó firmar el contrato sin despedir a ningún obrero. Y si bien los trabajadores no consiguieron demasiado —un aumento salarial del 10 por ciento— establecieron firmemente el sindicato en la planta.

La mayoría de los actuales miembros del P-9 no son tan viejos como para haber conocido a Jay Hormel, o como para haber trabajado en la antigua instalación cuando éste era su director. Pero Austin es un pueblo de tan solo 22 mil habitantes y en aquella época, la planta daba trabajo a unos 7 mil obreros.

Muchas familias han trabajado en esta planta durante generaciones. Los más jóvenes han oído, de sus amigos o familiares que trabajaron ahí durante los "viejos y buenos tiempos" entre 1949 y mediados de los años 60, cómo eran las condiciones —o al menos cómo los más viejos querían recordarlas—.

Una vez que Jay Hormel fue obligado a negociar con el sindicato, ya no volvió a intentar aplastarlo. Lo que hizo fue adaptar su política paternalista a la nueva situación.

Se dice que antes de que llegara el sindicato en 1933, Jay Hormel solía describir a la gerencia de la compañía como una "dictadura benévola". Sin embargo, para los trabajadores la dictadura era mucho más evidente que la benevolencia.

Ya en 1936 el sindicato había establecido un firme control sobre las condiciones de trabajo en el interior de la planta. Esto lo consiguió luchando, realizando paros con ocupación en varios departamentos en distintas ocasiones.

Parte fundamental de este control era el sistema de antigüedad en la planta, según la cual los gerentes tenían que asignar distintas tareas o trasladar a los obreros de una cuadrilla o departamento a otro, según el tiempo que hubieran trabajado en la planta. Esto eliminó el sistema opresivo que prevaleció hasta 1933 y por el cual los capataces tendían a ser pequeños dictadores, imponiendo sus preferencias personales y exigiendo favores —e incluso, en el caso de las obreras, a veces exigiéndoles relaciones sexuales— a cambio de mejores posiciones.

Debido en parte a las innovaciones introducidas por Jay Hormel y en parte a la fuerza del sindicato en la planta, entre 1933 y 1940 la situación evolucionó de la siguiente manera:

A la mayoría de los trabajadores se les garantizaba un salario base —que no incluía horas extraordinarias— durante las 52 semanas del año, independientemente de las horas trabajadas. Se requería también que los despidos temporales se comunicaran con 52 semanas de antelación.

Si una cuadrilla de obreros completaba el trabajo que le había sido asignado antes de lo esperado, sus miembros podían decidir entre volver a casa o continuar trabajando y ganar algún dinero extra. Esto a la vez se convirtió en un sistema de incentivos bajo el cual los mismos trabajadores, en diferentes cuadrillas y departamentos, determinaban colectivamente el ritmo de trabajo, o la velocidad de la línea de producción, y recibían pagas extraordinarias cuando la producción rebasaba ciertos niveles. Estos niveles de producción no los establecía la compañía arbitrariamente, sino que eran fruto de negociaciones.

Las disputas laborales en la planta se resolvían generalmente allí mismo, por medio de negociaciones entre la empresa y los trabajadores directamente afectados.

En 1940, la compañía y el sindicato firmaron un Acuerdo

Algunos de los miembros de la Junta Ejecutiva del Local P-9. Arriba, de izq. a der.: Lynn Huston (vicepresidente), Jim Guyette (presidente) y James Retterath. Abajo: Kathy Buck (secretaria de finanzas) con madereros en huelga en el estado de Washington.

de Trabajo Permanente, sin fecha de vencimiento, en el que se establecía un salario base igual que en las "Cuatro Grandes" compañías de la carne del país: Armour, Swift, Wilson y Cudahy.

Bajo este sistema, los empleados de Hormel en Austin serían los que recibirían mejores salarios anuales en esta rama industrial. También eran, en general, los que trabajaban menos horas. Como pueden atestiguar los obreros con más antigüedad, el trabajo era muy duro, pero lo hacían con dignidad ya que eran ellos los que se imponían su propio ritmo y podían descansar cuando lo necesitaran.

El acuerdo de 1940 se mantuvo en vigor durante 38 años. Según una breve historia del local escrita por sus funcionarios después de que empezara la huelga en agosto de 1985:

"Las relaciones entre la compañía y el Local P-9 comenzaron a deteriorarse tras la muerte de Jay Hormel en 1954. Un nuevo grupo de directores procedentes de Nebraska y encabezados por el presidente de la empresa M.B. Thompson, se hizo cargo de las operaciones de la compañía Hormel. Tenían poca lealtad al pueblo en que nació la empresa y comenzaron a adquirir plantas en otros lugares al mismo tiempo que se hacía más rígido su control sobre la instalación de Austin. Esta nueva gerencia obligó al sindicato a dar concesiones a la empresa por primera vez en 1963... y en 1978 consiguió que el sindicato (ahora el P-9) cediera el sistema de incentivos y bonos de producción".

El sindicato había aceptado las significativas concesiones exigidas por la compañía durante catorce de los veinte años transcurridos desde 1963 a 1983. Entre ellas se encontraba una reducción salarial de 30 dólares semanales para los trabajadores involucrados en la operación de sacrificio de ganado vacuno en 1974. Así lo había exigido la empresa a cambio de no cerrar dicha operación. Sin embargo, la compañía dejó de sacrificar ganado vacuno en 1975.

El acuerdo para la nueva planta continuaba garantizando el salario anual, las 52 semanas de antelación antes de ser despedido temporalmente y el vital sistema de antigüedad en la planta.

Sin embargo, cuando se puso en funcionamiento la nueva instalación se hizo evidente que, en adelante, la gerencia de la empresa no acataría como algo rutinario el sistema de antigüedad. Lo que es más, sin el antiguo sistema de incentivos el capataz tenía una vez más la responsabilidad de estar encima de los trabajadores vigilando la producción.

Según Jim Guyette, "el número de supervisores en relación al de trabajadores era completamente desproporcionado. En algunos lugares había un capataz por cada tres trabajadores". Los obreros habían perdido el control sobre el ritmo de producción y, lo que era más importante de todo, la dignidad. Desde este momento, los trabajadores incluso tenían que levantar la mano para que les permitieran ir al cuarto de baño —algo por lo que no tenían que pasar en la planta antigua—.

* * *

Durante el mismo tiempo se estaban produciendo drásticos cambios en la totalidad de la industria de la carne. Éstos se producían en parte como resultado de los problemas económicos ante la disminución en el consumo de carne de cerdo y de res entre 1979 y 1982. Pero eran también el resultado de la ofensiva patronal que a nivel nacional se había desencadenado desde mediados de la década de los 70 contra el pueblo trabajador.

Las mayores empresas de la carne, incluyendo las "Cuatro Grandes", cayeron en la crisis. Los grandes consorcios organizaron fusiones y adquisiciones de empresas, en ocasiones desviando los recursos de las compañías procesadoras de carne. Según Jim Guyette:

"El marcado incremento en la monopolización del mercado originó el cierre de plantas, en que las empresas en bancarrota se acogieron al Capítulo 11 [de la ley, permitiéndoles romper sus contratos laborales,] y los despidos…

"La compañía Hormel fue prácticamente la única gran empresa de la carne que continuó rindiendo grandes beneficios económicos, y fue caracterizada en 1984 por [la revista empresarial] *Business Week* como 'la envidia de la industria'. Sin embargo, la Hormel aprovechó la crisis en esta rama industrial para deprimir los salarios y prestaciones de sus trabajadores".[5]

Frente a esta crisis en la industria de la carne —una crisis creada en mayor parte por el capital financiero— la Secretaría Nacional del sindicato estableció su política de "reatrincheramiento ordenado" ("controlled retrenchment"). Este término aparece en el informe de marzo de 1984 de la división de mataderos y procesadoras de carne del UFCW. Los términos "retirada ordenada" ("controlled retreat") y "concesiones graduales" ("controlled concessions") son utilizados indistintamente con el mismo significado. Según la edición del 15 de abril de 1985 de la revista *Business Week*, "Desde diciembre de 1980 el sindicato se ha mantenido en lo que el presidente William H. Wynn del UFCW llama una 'retirada ordenada'. Los salarios en el procesado de carne de cerdo han caído hasta un 40 por ciento por debajo del salario de 1980 de 10.69 dólares la hora".

Ésta fue la política aplicada tanto a la rentable compañía Hormel como a aquellas empresas que alegaban estar en

---

5. Declaración presentada por Jim Guyette ante un tribunal federal el 16 de mayo de 1986.

bancarrota. El contrato de 1981, en que el sindicato renunció a los incrementos salariales por el costo de la vida, fue parte de esta política.

Guyette, que era miembro de la Junta Ejecutiva del local desde 1980 solamente, se opuso a que se aceptara el conjunto de medidas exigidas por la patronal en 1981 y entre las que se encontraba el congelamiento salarial. Su posición se basaba en que "no se deben otorgar más concesiones a la patronal más lucrativa de toda la industria". Un número cada vez mayor de trabajadores del P-9 opinaban que como resultado de esta estrategia se iba a producir más una derrota desordenada que una retirada ordenada.

La mayoría de la Junta Ejecutiva del local recomendó que se aceptara la propuesta de congelamiento salarial. Guyette presentó el informe en nombre de los que se oponían a tal medida. Los miembros del local aprobaron su informe y luego rechazaron la propuesta de congelamiento salarial. Lewie Anderson, director del UFCW para la industria de la carne, insistió entonces en que se realizara una segunda votación. Pero esta vez la presentó como una votación para permanecer dentro de la "cadena" Hormel.

La cadena se suponía que era un procedimiento unitario de negociación colectiva por medio de asambleas de los representantes de todos los locales con trabajadores en las instalaciones de Hormel. Los funcionarios de la Secretaría Nacional interpretaron el voto en favor de permanecer en la cadena como un voto en favor de un contrato que otorgara concesiones a la patronal. En esta ocasión la propuesta fue aprobada a pesar de que, sin éxito, Guyette cuestionara el procedimiento de la votación.

Cuando este contrato se puso en vigor en 1982, se suponía que el salario base se mantendría congelado en 10.69 dólares la hora hasta 1985. El mismo salario por hora se aplicaría al resto de los trabajadores de la cadena Hormel.

Los salarios volverían a negociarse nuevamente a partir del 1 de septiembre de 1984, autorizándose entonces el derecho a la huelga. Esto fue presentado en aquel momento como una oportunidad para que los locales lograran un incremento salarial en 1984.

Pero cuando llegó 1984 la empresa Hormel estaba exigiendo nuevos recortes en salarios y prestaciones. Sus argumentos se basaban no en la falta de rentabilidad de la compañía, sino simplemente en que el salario base que pagaba era más alto que el que prevalecía en el resto de la industria. De acuerdo con la empresa, el hecho de que su productividad y sus ganancias eran mucho más elevadas carecía completamente de importancia.

Los funcionarios de la Secretaría Nacional no ignoraban algunas de las medidas que sería necesario tomar para enfrentar seriamente la campaña de austeridad propuesta por la empresa. De vez en cuando llegaron incluso a poner estas medidas por escrito. Sin embargo, jamás las pusieron en práctica.

Por ejemplo, los documentos de 1983, 1984 y 1985 donde se establecían las líneas de actuación de la división de mataderos y procesadoras de carne del UFCW, orientaban a los distintos sindicatos locales acerca de la forma de responder a las demandas de la compañía. Entre sus directrices se encontraban las siguientes:

• Los locales debían negarse a dar concesiones antes del vencimiento del contrato.

• Las concesiones serían dadas a la patronal solo como último recurso y solo después de una tenaz resistencia.

• No se darían concesiones a las empresas rentables bajo ninguna circunstancia.

• Los locales de cada cadena deben buscar la forma de establecer las mismas fechas de vencimiento para sus respectivos contratos. (Una fecha de vencimiento común permite al sindicato amenazar con salir en huelga en todas las dependencias de la compañía al mismo tiempo e impedir que ésta aproveche en sus negociaciones con otros sindicatos locales las concesiones arrancadas a un determinado local).

• El derecho de los trabajadores de un sindicato local a negarse a cruzar las líneas de piquetes establecidas por otros locales en huelga, debe ser protegido y extendido.

De haberse puesto en práctica estos principios se habría fortalecido la capacidad de los sindicatos locales para resistir las demandas de la patronal. Dichos principios fueron subrayados durante las reuniones de los locales de la cadena Hormel que tuvieron lugar en Chicago durante la primavera de 1984.

Pero inmediatamente después Anderson, director del UFCW para la industria de la carne, dio su aprobación para que el Local 431 en Ottumwa (Iowa) comenzara negociaciones por separado en respuesta a las demandas de la empresa exigiendo grandes recortes en salarios, prestaciones e incentivos. Los demás locales de la cadena no fueron ni siquiera consultados. Se enteraron a través de los medios noticiosos.

Los obreros de Ottumwa enfrentaron un virulenta ofensiva por parte de la patronal. Cuando el local rechazó por votación hacer concesiones a la empresa, ésta despidió a 444 trabajadores y cerró sus operaciones de sacrificio y despiece. Declaró que los despidos serían permanentes y que cerraría la planta de no concederse lo que exigía. Tras convocarse otra votación, el resultado fue el mismo. Al día siguiente, la empresa despidió a otros 114 trabajadores repitiendo su amenaza de cerrar la planta. Los funcionarios de la Secretaría Nacional del sindicato simplemente dejaron que los obreros de Ottumwa se enfrentaran a estas presiones a solas. Por una escasa mayoría, los miembros del Local 431 en Ottumwa aceptaron entonces el recorte de un 23 por ciento en salarios y prestaciones que exigía la Hormel. Si se incluía la eliminación de los incentivos, las concesiones económicas llegaban al 30 por ciento.

El "Local 431 en Ottumwa" es en realidad una unidad de lo que se conoce en el UFCW como un Sindicato Local Distrital (a veces llamado local combinado, o "amalgamated local" en inglés). El Sindicato Local Distrital 431 cuenta con unos 8 mil miembros, divididos en muchas unidades y distribuidos por una extensa región. Entre estas unidades se encuentran la de empleados de ventas al por menor y supermercados y otros muchos tipos de trabajadores. Todas las unidades carecen de autonomía y no pueden tomar decisiones en cuestiones de importancia sin la aprobación del Sindicato Local Distrital, o lo que en realidad viene a ser lo mismo, sin la aprobación de sus altos funcionarios, ya que las asambleas generales de todos sus miembros tienen lugar solo una vez al año. El máximo encargado del Local 431, Louis DeFrieze, es a la vez su secretario-tesorero y su gerente de negocios, y el que aprobó el contrato que hizo concesiones a la Hormel en sus instalaciones de Ottumwa y no prestó ayuda alguna a "Ottumwa 431" para resistir las demandas de la compañía.

El salario base en Ottumwa fue rebajado de 10.69 a 8.75 dólares la hora (con un incremento en septiembre que lo pondría en 9 dólares y otro un año más tarde que alcanzaría los 10 dólares la hora). En Ottumwa, con la aprobación de los funcionarios de la Secretaría Nacional del UFCW, se había quebrado la solidaridad entre los locales de la cadena. Las directrices contra las demandas patronales resultaron no ser más que un ritual sin contenido. Se había permitido que la empresa concentrara sus fuerzas contra un solo local.

Peor aun, la fecha de vencimiento del contrato en Ot-

Miembros de la Junta Ejecutiva del Local P-9: (arriba, de izq. a der.) Pete Winkels (agente de negocios), Carl Pontius, Floyd Lenoch; y (abajo, izq.) John "Skinny" Weis. Abajo, derecha: Ray Rogers, codirector del Corporate Campaign, Inc.

tumwa caía ahora en mayo de 1987, una fecha distinta de la del resto de la cadena y, en particular, de la fecha de las instalaciones en Fremont (Nebraska) y Austin, las otras dos plantas con operaciones de sacrificio de ganado. (En lo que concierne a la cadena Hormel la fecha de vencimiento común en estas tres plantas es una cuestión fundamental, ya que éstas son las que suministran la carne que procesan sus otras instalaciones).

En tres cartas dirigidas al presidente William Wynn del UFCW antes que se firmara el contrato en Ottumwa, Jim Guyette protestó enérgicamente contra esta violación de las directrices establecidas anteriormente, pero todo fue en vano.

※ ※ ※

Durante las posteriores asambleas de la cadena que tuvieron lugar en julio de 1984, Anderson reiteró su posición de que era inevitable hacer concesiones. Y propuso que la cadena Hormel aceptara el modelo de Ottumwa para evitar los recortes aun peores que la compañía realizaría unilateralmente.

Según Guyette, "de nuevo sostuve que con respecto a las empresas altamente lucrativas como era la Hormel, deberíamos discutir aumentos salariales, no concesiones. Pedí a Anderson una vez más que nos dijera cuál era su estrategia para resistir las demandas patronales de concesiones.

"Anderson me respondió manteniendo que si yo realmente creía en resistir las concesiones, entonces debería 'asegurarle' que el Local P-9 saldría a la huelga en septiembre, fuera ésta 'legal o ilegal'. Y con gran sorpresa de mi parte, añadió que la empresa Hormel iba a tomar la posición de que una huelga del Local P-9 en septiembre sería ilegal...

"Yo repliqué que, como Anderson sabía bien, difícilmente podía 'asegurar' que el P-9 saldría en huelga en septiembre, ya que no se había propuesto todavía una votación al respecto, ni mucho menos había sido aprobada por una mayoría de los dos tercios como exige la constitución del UFCW. En segundo lugar, le dije a Anderson que si realmente eran ciertos sus argumentos de que la huelga podría ser ilegal, era aun más absurdo esperar que le 'asegurara' en ese momento que los miembros de mi local votarían en favor de la huelga. Sin embargo, le garanticé que determinaríamos con la mayor prontitud si estábamos o no autorizados por ley a salir en huelga en septiembre, decidiríamos por votación acerca de la huelga y, en todo caso, haríamos todo lo que estuviera a nuestro alcance para apoyar cualquier acción que tomara la cadena en favor de una huelga".[6]

El Local P-9 presentó el asunto por la vía más rápida a un árbitro, quien dictaminó que el P-9 no contaba con el derecho a salir en huelga en septiembre de 1984 y que tendría que esperar hasta el mes de agosto de 1985.

La forma en que una publicación del UFCW describió el mismo incidente fue como sigue: "Todos los locales excepto el Local P-9 se mostraron a favor de salir en huelga contra la Hormel en septiembre si la cadena no llegaba a un acuerdo. El presidente del Local P-9, Jim Guyette, expresó preocupación en torno al derecho legal a la huelga por parte del local debido a que su contrato contenía una cláusula contra la huelga [incluida en 1978] y puso en duda que los miembros del local apoyaran una huelga realizada por los otros trabajadores de la Hormel".

Era claro que la pregunta que Anderson había hecho a Guyette había sido pensada para que sirviera de argumento

---

6. Declaración presentada por Jim Guyette ante un tribunal federal el 16 de mayo de 1986.

con el que culpar al Local P-9 por la ruptura de la cadena. En todas las numerosas declaraciones que a este efecto fueron emitidas por los funcionarios nacionales tanto antes como después de comenzada la huelga por el P-9 en agosto de 1985, no se menciona que fue el acuerdo de mayo de 1984 en Ottumwa lo que realmente ocasionó la ruptura de la cadena, con la aprobación de Lewie Anderson.

Los otros miembros de la cadena no realizaron huelga alguna en septiembre de 1984. Al contrario, durante las asambleas de la cadena, de las cuales se había excluido al P-9, se acordó aceptar contratos basados en el de Ottumwa, incluyendo el recorte salarial de 1.69 dólares la hora.

Lo que es más, estos acuerdos estipulaban que el contrato en Fremont vencería en septiembre de 1986. De esta manera las tres fechas de vencimiento en los mataderos quedaban completamente desfasadas: Austin, en agosto de 1985; Fremont, en septiembre de 1986; y Ottumwa, en mayo de 1987.

❋ ❋ ❋

En 1985 la Secretaría Nacional envió una lista de los mataderos sindicalizados por el UFCW con las fechas de vencimiento para cada uno de sus contratos. *The Unionist*, el periódico del P-9, la reprodujo en su edición del 2 de enero de 1986. Pete Winkels, que tomó el cargo de agente de negocios del P-9 en 1985, escribió:

"Lewie Anderson ha dicho al Local P-9 en muchas ocasiones que 'ustedes no tienen perspectiva'... Ésta es la 'perspectiva' que dice Lewie Anderson que nos falta. No se necesita al hombre del tiempo para decirle a uno que está lloviendo ni a un vicepresidente nacional para que le explique su estrategia, en términos de éxito. Todo lo que uno necesita es poder leer...

"Jamás he visto tal diferencia en las fechas de vencimiento en esta industria. Mi experiencia se remonta solo hasta 1967, pero recuerdo que en aquel entonces todos los contratos expiraban a la vez. Desde que Lewie tomó su cargo como director para mataderos y procesadoras en 1979, tenemos las fechas de vencimiento desparramadas hasta tal punto que no existe fecha de expiración común para ninguna de las cadenas. Esto no es un problema exclusivo de la Hormel. No solo los años se han desparramado, sino también los meses de los años en que terminan los contratos.

"Si yo encabezara una corporación privada o institución de crédito que comerciara con estas compañías, miraría con júbilo estas fechas de expiración. Cuánto mejor, o más fácil, para derrotar a alguien que debilitándolos al dividir la unidad o la fuerza que tienen. Los obreros de la carne no necesitan una estrategia que permita a las distintas plantas quedarse aisladas y ser atacadas de una en una. No quiero que nadie crea que estoy culpando a Lewie Anderson por todos los problemas que existen en nuestra industria… [Sin embargo,] contar con una 'perspectiva' no evita que uno sea un incompetente".[7]

* * *

En la antesala del Centro Obrero en Austin, sede que el Local P-9 comparte con otros sindicatos, hay un retrato de un anciano con una placa de bronce debajo que dice: "Frank Ellis, fundador del movimiento sindical de Austin".

Ellis comenzó a trabajar de niño, ayudando a su padre

---

7. En 1933, John Winkels, tío de Pete, fue el sindicalista que escoltó a Jay Hormel para que pudiera salir de la planta a medida que comenzaba la huelga con ocupación. John es ahora miembro jubilado del P-9. El padre de Pete, Casper, también es miembro jubilado del Local P-9.

en la sección donde se sacrificaban los animales en la planta Swift de St. Louis (Missouri). Después de participar en la huelga de 1904 se marchó de su casa y al poco tiempo se integró en la organización Trabajadores Industriales del Mundo (IWW, International Workers of the World), el sindicato con orientación clasista fundado en Chicago en 1905.

En aquella época, la mayoría de los sindicatos afiliados a la Federación Norteamericana del Trabajo (AFL, American Federation of Labor) eran de carácter gremial. Representaban solo a los trabajadores especializados e ignoraban a los no calificados o semicalificados —los cuales formaban la mayor parte de los obreros industriales de producción—. Con pocas excepciones, se adaptaban al racismo de la patronal, y en general se negaban a sindicalizar a las trabajadoras. Para colmo, cada uno de estos sindicatos gremiales organizaba únicamente a aquellos trabajadores de su oficio. Una fábrica organizada "con éxito" por los sindicatos gremiales de la AFL de aquellos días podía contar con una decena de sindicatos diferentes, con una decena de contratos diferentes y con una decena de fechas de vencimiento y, aun así, dejar sin sindicalizar a la gran mayoría de los trabajadores de la planta.

La IWW comenzó con la idea de organizar a todos los trabajadores en un gran sindicato con secciones diferentes para las diferentes industrias. Pero durante el curso de su historia se desvió de su objetivo y para la década de los años 30 era más una leyenda que un movimiento vivo.

Durante 15 años más o menos, los *Wobblies* —como eran conocidos los activistas de la IWW— sindicalizaron a muchos trabajadores y dirigieron bien unas cuantas huelgas, utilizando masivas líneas de piquetes y manifestaciones. Y propagaron las ideas del sindicalismo industrial entre decenas de miles de trabajadores jóvenes, muchos de los cuales participarían más tarde en la formación del Congreso de

Organizaciones Industriales (CIO, Congress of Industrial Organizations).

Frank Ellis absorbió estas ideas y las difundió por los distintos departamentos que ocupó en los mataderos y procesadoras de carne de la región central del país (Midwest). Llegó a ser un carnicero altamente especializado y un buen organizador de sindicatos desde el interior de las plantas.

Durante un tiempo fue presidente de un local del Sindicato Combinado de Obreros de la Carne (Amalgamated Meat Cutters) en la planta Wilson de Oklahoma City, pero lo dejó poco después. Éste era un sindicato gremial de la AFL, y a Ellis le corría el sindicalismo industrial por la sangre.

En 1928, Ellis, ya en sus treinta, fue contratado en la planta Hormel de Austin para organizar un departamento de procesado de envolturas de embutidos. Como capataz les consiguió trabajo a otros obreros con conciencia sindical. En 1933 ya tenía conexiones por toda la planta. Entre estos contactos se encontraban Joe Ollman, que trabajaba en la cuadrilla de sacrificio de cerdos y era originario de Austin, y Joe Voorhees, que más tarde se convertiría en agente de negocios para el local.

En julio del mismo año, un breve paro laboral en la sección de matanza de cerdos precipitó una serie de grandes asambleas públicas en las que se organizó el Sindicato Independiente de Todos los Trabajadores (IUAW, Independent Union of All Workers), dirigido por Frank Ellis.

En noviembre tuvo lugar la huelga con ocupación, durante parte de la cual Ellis y Jay Hormel, subidos en mesas frente a la planta, debatieron sus posiciones delante de los huelguistas.

Una vez que el sindicato quedó establecido en la planta Hormel, el IUAW la utilizó como base para extender el sindicalismo en la región.

En Austin y en el pueblo cercano de Albert Lea en Minnesota, el IUAW sindicalizó a los trabajadores de restaurantes, hoteles, garajes, pequeños comercios, bares, almacenes de madera y muchas fábricas pequeñas. Esta expansión fue impulsada por Eva Sauer, una oficinista que en 1934 pasó a trabajar con el IUAW como organizadora de sindicalización. Varias huelgas jugaron un papel fundamental en esto. Para ejercer presión sobre la patronal se organizaron además manifestaciones, boicots al consumo de productos y otras actividades. Todo esto era respaldado por la presencia masiva de los sindicalistas de la planta de la Hormel si se hacía necesario. Para 1940, Austin se había convertido casi en su totalidad en un pueblo completamente sindicalizado (*union town* en inglés).

Los organizadores del IUAW de Austin se trasladaron también a otras plantas procesadoras por toda Minnesota, Dakota del Norte, Dakota del Sur y Iowa. Algunos dicen que Jay Hormel no se oponía a esto porque creía que si él tenía que someterse a las condiciones salariales y laborales del sindicato, lo mismo debían hacer sus competidores.

El IUAW llegó a organizar locales tan al noroeste como Fargo (Dakota del Norte) y tan al sur como Ottumwa (Iowa).

A mediados de la década de los 30 los sucesos alrededor de Austin, Minnesota, no eran muy excepcionales. Por distintos lugares del país, los obreros que participaban en la producción en gran escala comenzaran a sindicalizarse, a pesar de que los altos funcionarios de la AFL se negaban a ayudarlos. En 1934 se produjeron incluso huelgas generales en tres ciudades del país, las cuales lograron sindicalizar a los trabajadores portuarios de San Francisco (California), a los obreros automotrices de Auto-Lite en Toledo (Ohio) y a los camioneros y trabajadores de almacenes industriales en Minneapolis (Minnesota).

Ellis colaboró en las campañas de sindicalización regional con los líderes del sindicato de camioneros Teamsters en Minneapolis. Uno de ellos fue Farrell Dobbs, quien más tarde escribiría en su libro *Poder Teamster*:

"El dirigente central del IUAW era Frank Ellis, un hombre con considerable experiencia en la IWW. Aunque no era marxista, había absorbido muchos conceptos de la lucha de clases, y era todo un luchador. Hizo todo lo que pudo para enseñar a los trabajadores que debían apoyarse por completo en su propia fuerza, no poniendo jamás su confianza en ningún agente de la clase capitalista. Ellis prevenía especialmente contra la idea de que los trabajadores pudieran conseguir justicia en los tribunales capitalistas".

En el congreso de 1935 de la AFL, finalmente se impuso el problema de la organización de los obreros de producción en gran escala en sindicatos industriales. La mayoría de los funcionarios de la AFL todavía se oponía a esta idea, pero una minoría, encabezada por John L. Lewis, decidió promoverla. (El sindicato minero —United Mine Workers— dirigido por Lewis era una excepción entre los sindicatos nacionales afiliados a la AFL. Ya era un sindicato industrial que contaba con la tradición de intentar sindicalizar a todos los trabajadores de las minas de carbón, independientemente de su profesión o calificación). Después del congreso, Lewis y otros dirigentes de unos pocos sindicatos de la AFL formaron el Comité de Organización Industrial (CIO, Committee for Industrial Organization) dentro de la AFL.

Poco después, Joe Voorhees escribió a Lewis en favor del IUAW. Pero el IUAW —a diferencia del CIO— no era parte de la AFL, y Lewis no quiso comprometerse a cooperar. (El IUAW no podía afiliarse a la AFL porque ésta solo aceptaba un sindicato representando cada rama industrial, y para la industria de la carne ya contaba con uno: el Amalgamated Meat Cutters). Solo después de que el CIO fuera expulsado de la AFL en 1936, y después de que el Sindicato Combinado de Obreros de la Carne (Amalgamated Meat Cutters) aprobara en mayo de 1937 continuar dentro de la AFL, dio el CIO su apoyo al IUAW y a otros sindicatos independientes de la industria de la carne. Luego, ese mismo mes el local de Austin aprobó por votación afiliarse al CIO, llamado ya en ese entonces Congreso de Organizaciones Industriales (CIO, Congress of Industrial Organizations). Los otros locales del IUAW siguieron su ejemplo.

En su área, los locales del IUAW formaron la columna vertebral del Comité de Sindicalización de los Obreros de la Carne (PWOC, Packinghouse Workers Organizing Committee), formado por el CIO algo más tarde ese mismo año.

Los miembros del PWOC de Austin a cargo de las campañas de sindicalización se dirigieron hacia el norte, a los principales mataderos y procesadoras de carne del sur de St. Paul, y hacia el sur, entrando en Iowa. Sus gastos eran pagados por las contribuciones de los obreros de la Hormel en Austin. En 1943 el CIO constituyó por fin el Sindicato Unido de Obreros de la Carne (UPWA, United Packinghouse Workers of America) como un sindicato nacional autónomo.

El UPWA-CIO contaba con diez directores regionales que eran elegidos en sus respectivas regiones y no podían ser destituidos por la Secretaría Nacional. Frank Ellis fue elegido vicepresidente del nuevo sindicato. Joe Ollman fue el primer director de la región en la que estaba localizada Austin.

Sin embargo, el local de Austin —llamado ahora Local 9, UPWA-CIO— había dejado de ser el centro más poderoso del sindicato en la región. Numéricamente, la planta de Austin se había quedado pequeña en comparación con las del sur de St. Paul y otros lugares.

El Acuerdo de Trabajo Permanente y sus disposiciones

para establecer un salario base según las "Cuatro Grandes" sirvió para que no tuvieran lugar huelgas en la planta de Austin. En contrapartida, los trabajadores de la Hormel fueron generosos en su solidaridad con las huelgas de otros obreros de la industria de la carne. No solo contribuyeron con cientos de miles de dólares sino que los propios obreros se desplazaron a estas huelgas para participar en las líneas de piquetes cuando las cosas se ponían más difíciles.

Durante toda la lucha actual del Local P-9, uno de los grupos que ha prestado el apoyo más sólido y consecuente es el de los miembros jubilados del local. Además de participar en casi todas y cada una de las tareas, lo han hecho en grandes números. Uno de sus más destacados aportes es ayudar a resucitar esta historia con sus recuerdos, en narración tras narración en las líneas de piquetes y en la sede del sindicato, prestando una viva continuidad con las generaciones más jóvenes.

※ ※ ※

Para cuando la Hormel decidió atacar el local de Ottumwa en la primavera de 1984, los miembros del P-9 ya tenían bastante claro que, a menos que quisieran dar mansamente las concesiones que exigía la compañía, era mejor que se prepararan para luchar. La patronal ya había contratado a un grupo notorio de especialistas en destruir sindicatos, la firma de abogados Krukowski, Chet, Beck y Loomis, de Milwaukee (Wisconsin).

Durante una asamblea de todos los miembros del local realizada en abril, se aprobó una propuesta instruyendo a la Junta Ejecutiva del Local P-9 a que solicitara ayuda a la Secretaría Nacional en formular una campaña de publicidad para luchar contra las demandas patronales. El 30 de abril de 1984, Guyette escribió sobre esto al presidente Wynn del UFCW. El 8 de mayo Wynn replicó que la Secretaría Nacional ya estaba haciendo lo que podía al respecto y que no veía necesidad de aumentar sus esfuerzos.

Guyette planteó ante la Junta Ejecutiva del P-9 la idea de que el local contratara un experto en relaciones públicas, y fue autorizado a buscarlo. Investigó en Minneapolis y St. Paul (Minnesota) y en otros lugares pero no encontró a nadie que quisiera trabajar para el sindicato. Entonces vio un artículo en *Business Week* que hablaba de Ray Rogers y su agencia basada en Nueva York, Corporate Campaign, Inc. (CCI). Rogers había desarrollado una serie de métodos para presionar a las corporaciones privadas, integrando la primera de estas campañas a la lucha para obligar a J.P. Stevens a negociar con el sindicato de trabajadores textiles en varias de sus instalaciones en el sur del país.

Guyette llamó a Rogers, quien le explicó que Corporate Campaign no era un servicio de relaciones públicas. La idea era de investigar y exponer públicamente los intereses financieros implicados en las decisiones antisindicales de la empresa, y de movilizar de la manera más amplia a los miembros y simpatizantes del sindicato, para aumentar y hacer sentir la fuerza del sindicato.

Rogers fue invitado brevemente a Austin para presentar su concepto a los miembros de la Junta Ejecutiva del P-9. Les gustó y decidieron proponerlo ante la siguiente asamblea de la cadena Hormel. En ella, Lewie Anderson se mostró en contra, y la mayoría de la junta del local cambió de parecer.

Para entonces, la compañía estaba dejando claro que pronto impondría grandes reducciones salariales en Austin.

Lynn Huston, que por aquel entonces era miembro de base del local y cuyo padre había trabajado durante 43 años en la planta, elaboró e hizo circular una solicitud en la que firmaron los que querían convocar una asamblea especial del Local P-9 para considerar una propuesta de invitar a Rogers y a Ed Allen, como directores de Corporate Campaign, Inc., a que presentaran sus ideas ante los miembros del local. La asamblea tuvo lugar y la propuesta fue aprobada por la inmensa mayoría. Fueron los miembros del Local P-9 los que desde el primer momento trajeron a Rogers y por votación decidieron acerca de CCI y controlaron las actividades de CCI.

Antes de que Rogers llegara a Austin, Guyette nuevamente intentó conseguir la aprobación y la cooperación del director del UFCW para la industria de la carne, Lewie Anderson, quien lo remitió al presidente del UFCW, William Wynn. Éste dijo que consideraría la propuesta de contratar a Rogers.

Poco después de esto Wynn envió a Rogers el siguiente telegrama: "Estamos enterados de que están discutiendo una 'campaña anti-corporación' con el Local 9 del UFCW contra la George A. Hormel and Company. El local de Austin, Minnesota, es tan solo uno de los locales del UFCW que representa a los empleados de la Hormel. Los otros locales no han dado su consentimiento con la campaña, y tal iniciativa tampoco ha sido ratificada por la Secretaría Nacional. Nuestra división de mataderos y procesadoras de carne la dirige el vicepresidente Lewie Anderson. Sería muy lamentable que se iniciara cualquier campaña sin su participación y sin el consentimiento de los locales afectados y de la Secretaría Nacional".

Guyette una vez más intentó que se aprobara, en primer lugar entrevistándose personalmente con Wendell Olson, director de la Región 13 del UFCW. A Guyette lo acompañó Floyd Lenoch, que además de ser miembro de la Junta Ejecutiva del P-9 había trabajado en ambas plantas, la nueva y la vieja, durante más de treinta años.[8] Se organizó otra reunión para que los altos funcionarios del UFCW se entrevistaran con Guyette y Lynn Huston junto con Ray Rogers y Ed Allen.

Wynn dijo de nuevo que se iba a considerar la campaña. Se organizó una reunión con Guyette y Rogers para que pudieran presentar su plan ante los representantes de los locales de la cadena. La respuesta fue buena. Pero la campaña nunca fue sometida a votación en estos locales.

En vez de esto, los funcionarios de la Secretaría Nacional anunciaron su desaprobación inmediatamente después de una reunión del comité de la industria de la carne del UFCW (Packinghouse Committee), celebrada el 20 de diciembre de 1984, en que concedieron a Rogers y Guyette apenas treinta minutos para plantear su propuesta. Fue una decisión rutinaria convenida de antemano. Para cuando terminó la reunión ya se tenía preparado para su distribución a la prensa el material impreso denunciando la campaña.

Ante la propuesta del P-9 para una campaña contra la Hormel, los funcionarios de la Secretaría Nacional contrapusieron una campaña contra el gigante industrial ConAgra. ConAgra había comprado la empresa Armour, cerrado la mayoría de sus instalaciones y vuelto a ponerlas en funcionamiento sin sindicato, pagando salarios que oscilaban en torno a los 6 dólares la hora. Sin embargo, la campaña contra la ConAgra-Armour nunca fue organizada seriamente.

---

8. Floyd Lenoch, cuyo padre también había trabajado en la planta, es muy respetado tanto por su experiencia como por su tacto. Formó parte de la Junta Ejecutiva en numerosas ocasiones en el curso de los años. Durante las negociaciones en torno al acuerdo de 1978, fue la única voz disidente en la junta. Fue elegido presidente del Local P-9 en 1980, pero decidió no postularse para el cargo en 1983, año en que fue elegido Jim Guyette. En cambio, se presentó como candidato para la Junta Ejecutiva, a la cual fue elegido.

Izquierda: Jan Butts, presidenta del Grupo de Apoyo Unido. Derecha: Larry Bastain, secretario del Local 325 del sindicato automotriz UAW en la empresa Ford en St. Louis, habla en el acto del 10 de mayo de 1986 en Ottumwa, Iowa. Abajo: agricultores de la región de Austin manifiestan su apoyo a los obreros de la carne en huelga. El cartel dice "Obreros y agricultores, ¡uníos!"

El UFCW perdió las elecciones, supervisadas por la Junta Nacional de Relaciones Laborales (NLRB, National Labor Relations Board), para la sindicalización de esas plantas.

Mientras tanto, las investigaciones realizadas por Corporate Campaign, Inc., habían revelado que el First Bank —que tiene ejecutivos de su propio consejo de administración sentados en las juntas directivas de otras empresas y mantiene grandes inversiones y relaciones crediticias con la Hormel— estaba también relacionado con ConAgra. CCI le propuso al UFCW combinar ambas campañas.

De acuerdo con Guyette, él y Rogers propusieron también una doble estrategia para la industria de la carne: (1) estabilizar los índices salariales en las empresas con salarios más altos, como la Hormel; y (2) elevar los salarios en las empresas con salarios más bajos. Esto, dijeron, comenzaría a resolver el problema de la sindicalización de las plantas no sindicalizadas. "No se puede esperar —dijo Guyette— que los trabajadores se integren a un sindicato, o que aprueben por votación el reconocimiento de un sindicato, si por pagar las cuotas sindicales no van a ganar más que los que se mantienen sin sindicalizar".

Mientras tanto, poco después de que se produjera el recorte salarial del 23 por ciento en octubre de 1984, Rogers se dirigió ante una asamblea de varios miles de miembros y familiares del P-9 en Austin.

En esta asamblea Rogers explicó que la experiencia más reciente había mostrado que lo que se había convertido en métodos tradicionales de huelgas y boicots ya no tenía eficacia. Es decir, una vez que se pone a un empresario en la lista de la AFL-CIO sobre injusticias laborales se deja que, por su propia cuenta, los trabajadores en huelga hagan ceder a la compañía, y no se hace mucho más. Rogers dijo: "Vamos a organizar colectivamente sus conocimientos, sus habilidades, su imaginación y vitalidad y transformar su sindicato en una fuerza económica y política a través de esa movilización".

Posteriormente, cinco meses después de comenzada la huelga, Lewie Anderson preparó un gran documento titulado *Libro de datos sobre el Local P-9 y la Hormel de Austin, Minnesota (Fact Book on Local P-9/Hormel, Austin, MN)*. En él, parafraseó la declaración de Rogers de la siguiente manera: "Rogers dice que las huelgas y los boicots son pasados de moda y carecen de eficacia. Por otra parte, su estrategia es infinitamente superior. Hasta el momento Rogers ha mantenido en huelga a los trabajadores de Hormel durante cinco meses y ahora está llamando a un boicot".

En enero de 1985, los miembros del Local P-9 aprobaron por votación fijarse una cuota de 3 dólares semanales para financiar la campaña. La votación tuvo que realizarse dos veces debido a que la Secretaría Nacional estaba intentando revertir su decisión, pero los resultados fueron los mismos en las dos ocasiones.

La campaña consistía, entre otras cosas, en solicitar el apoyo de la gente, yendo de puerta en puerta en los pueblos con plantas procesadoras de carne y en enviar delegaciones de miembros del P-9 a otros sindicales locales y organizaciones agrícolas en la vasta región central del país.

También consistía en distribuir de puerta en puerta por Austin las ediciones especiales del periódico del local, repartir volantes y permanecer con sus pancartas ante las dependencias del First Bank, que mantiene íntimas relaciones con la Hormel, y enviar delegaciones de miembros del P-9 a las reuniones anuales de los accionistas del First Bank, así como a una reunión de la compañía Hormel que tuvo lugar en Atlanta (Georgia) —la primera en la historia realizada fuera de Austin—.

Había suficientes razones para dar a conocer las relaciones entre el First Bank y la Hormel, pero además esto ofrecía un enfoque en torno al cual se podía organizar manifestaciones mientras los miembros del P-9 continuaban en sus puestos de trabajo.

En todas estas actividades se incorporaron los miembros del P-9, sus simpatizantes, sus jubilados y sus familiares, cobrando experiencia y confianza.

El Local P-9 junto con Corporate Campaign, Inc., tenía esperanzas de obligar a la compañía a firmar un contrato digno sin salir en huelga, pero desde luego no contaban con ello. Los preparativos para la huelga se organizaron metódicamente. Hasta renovaron la sede del sindicato para dar cabida a una gran cocina y comedor y reservar espacio para la distribución de ropas y alimentos.

* * *

A principios de agosto de 1985, la empresa hizo su última oferta. Ésta era tan mala que hasta los funcionarios del UFCW recomendaron que no se aceptara y prometieron el pleno apoyo de la Secretaría Nacional si el P-9 rechazaba el contrato. Y es lo que hizo. El local exigió entonces que la Secretaría Nacional ratificara la huelga, lo cual fue concedido por telegrama el 9 de agosto. Pero el mismo telegrama atacaba al P-9 y ponía restricciones al derecho a la huelga. Decía así:

"El Local P-9, contrario al consejo de la Secretaría Nacional, de la cadena Hormel y del comité nacional de la industria de la carne (National Packinghouse Committee), ha roto con la cadena y ha seguido un camino aislado e independiente.

"Cabe presumir que estas decisiones fueron realizadas por el sindicato local con el conocimiento de que al romper con la solidaridad no podrían esperar recibirla".

El telegrama también denegaba el permiso para realizar

un boicot a los productos Hormel o para extender las líneas de piquetes a otras plantas fuera de Austin.

El 16 de agosto, un día después de que comenzara la huelga, los funcionarios de la Secretaría Nacional dieron a conocer a la prensa un documento con su posición, atacando de nuevo al P-9, acusando al local de romper la cadena y de negarse a salir en huelga en otoño de 1984, y alegando que el local estaba "cerca de la bancarrota" como resultado de lo que debía a Corporate Campaign, Inc., lo cual no era cierto.

La verdad es que CCI había cobrado 40 mil dólares por las investigaciones iniciales, los preparativos y las actividades realizados desde octubre de 1984 hasta enero de 1985, más 20 mil dólares mensuales desde enero en adelante, con una bonificación por valor de 200 mil dólares si obligaban a la compañía a devolver los salarios y prestaciones que habían recortado. En realidad, a CCI se le pagó un total de solamente 116 mil dólares. Después de comenzada la huelga CCI se negó a aceptar nuevos pagos. Por otra parte, contribuyó a reunir más de un millón de dólares para el local. De hecho —al menos hasta el presente— CCI se ha convertido en parte indistinguible del trabajo general de solidaridad con la lucha del P-9.

Tan pronto como comenzó la huelga, el local y sus simpatizantes impulsaron una serie de prácticas y comités democráticos para hacer participar a todos los miembros del P-9. El Grupo de Apoyo Unido (United Support Group), que había sido formado con anterioridad por los cónyuges de los miembros del P-9, incrementó sus actividades.

No se dejó fuera a ningún miembro que quisiera participar tanto en las actividades como en la toma de decisiones. Esto fortaleció la lucha de gran manera y mantuvo bien informados a los miembros del sindicato. La Secretaría

Nacional y la Región 13 del UFCW pagaron del fondo de huelga un total de 65 dólares semanales por trabajador, que pronto redujeron a 40 dólares. Pero los huelguistas pudieron sobrevivir gracias a sus propios esfuerzos y a la solidaridad de sus seguidores.

Se organizó una cocina para dar de comer tanto a los piquetes como a todos los voluntarios que se encontraran en la sede sindical. Una despensa y un armario, repletos de alimentos y ropas que se iban donando, suplían las necesidades de los huelguistas y sus familias. Era frecuente ver llegar al Centro Obrero de Austin algún que otro camión enviado por una organización de agricultores u otro sindicato local de obreros de la carne, y cargado de sacos de papas, latas de conservas y otros alimentos. En el curso de la lucha no han tenido que pasar hambre ni los trabajadores ni sus familias, si bien la cantidad de carne y otros productos más costosos no ha sido muy grande.

El P-9 estableció lo que llamaron "la caja de herramientas" (Tool Box), un programa de apoyo para hacer frente a las emergencias y la tensión de la lucha; "la sala de guerra" (War Room), para coordinar las distintas actividades del local y los turnos en las líneas de piquetes; un "comité de comunicación" (Communications Committee), encargado de organizar los viajes de los miembros del P-9 por todo el país, llevando la realidad de su lucha a otros sindicatos y organizaciones y buscando su ayuda.

Se estableció un "fondo para adoptar a familias del P-9" (Adopt a P-9 Family Fund), a fin de enfrentar cuestiones como las amenazas de perder sus hogares, los desahucios de sus apartamentos, las amenazas de perder los automóviles tan necesitados para el transporte, o los gastos médicos excepcionales. Este programa no cubría otros bienes como lanchas de recreo y automóviles de más, y

Arriba: el mural en el Centro Obrero de Austin, dedicado por el Local P-9 el 27 de mayo de 1986 al líder antiapartheid encarcelado Nelson Mandela. El mural contiene la inscripción: "Si la sangre es el precio de vuestra maldita riqueza, Dios mío, lo hemos pagado por completo", del poema compuesto por un obrero anónimo alrededor de 1908. Abajo: la policía de Austin agrede una línea de piquetes pacífica en abril de 1986.

algunos de ellos se fueron por la borda. En noviembre de 1985 se enviaron 50 mil cartas a otros tantos sindicatos, pidiéndoles que contribuyeran al fondo para adoptar a familias del P-9.

※ ※ ※

Según Guyette, "Durante el otoño de 1985, los miembros de base del Local P-9 votaron a favor de extender sus líneas de piquetes a aquellos lugares donde se estaba realizando el trabajo que correspondía a los obreros en huelga [struck work], así como apoyar a los miembros de cualquier sindicato local que se negaran a cruzar nuestras líneas de piquetes móviles [roving picket lines]".[9] Los miembros del Local 431 en Ottumwa (Iowa), del Local 22 en Fremont (Nebraska) y del Local 150A en Dubuque (Iowa) se comprometieron a respetar las líneas del P-9. Además, todos ellos pidieron a la Secretaría Nacional que ratificara tanto la extensión de las líneas de piquetes como un boicot nacional a los productos de la Hormel.

Durante una reunión de la cadena Hormel a principios de noviembre de 1985, los funcionarios de casi todos los locales pidieron a la Secretaría Nacional que ratificara oficialmente la extensión de las líneas de piquetes.

Entonces el presidente Wynn del UFCW accedió a emitir un comunicado conjunto con Guyette confirmando que la Secretaría Nacional ratificaría la extensión de las líneas de piquetes si la Hormel se negaba a negociar de buena fe.

Sin embargo, el 15 de noviembre Wynn informó a la prensa, a la empresa y al P-9 que:

"No se ha ratificado la extensión de las líneas de piquetes

---

9. Declaración presentada por Jim Guyette ante un tribunal federal el 16 de mayo de 1986.

y que evaluaremos los informes de nuestros representantes en cuanto a la buena fe manifestada tanto por la compañía como por el local… A menos y hasta que ratifiquemos una extensión, nuestros miembros fuera de Austin correrían serios riesgos y los sindicatos locales podrían enfrentarse con arriesgadas y costosas disputas judiciales si respetaran las líneas de piquetes extendidas…"

Sin embargo, los "piquetes móviles" forman parte de una antigua y sólida tradición en la industria de la carne. El derecho a seguir el trabajo que correpondería realizar a los obreros en huelga (y que la empresa realiza en otros lugares) fue defendido tanto por el antiguo Sindicato Unido de Obreros de la Carne (United Packinghouse Workers of America) como por la división de mataderos y procesadoras de carne del Sindicato Combinado de Obreros de la Carne (Amalgamated Meat Cutters). La idea de que los funcionarios de la Secretaría Nacional tienen algún derecho a prohibirlo se remonta solo al origen del UFCW.

* * *

Un mediador federal presentó a finales de diciembre el borrador de un contrato que aceptaba la compañía. Era esencialmente igual a la oferta patronal anterior que había provocado la huelga. En él se dejaba enteramente a juicio de la compañía lo relativo a seguridad laboral, eliminaba el sistema de antigüedad y prohibía a los empleados la distribución de materiales impresos y otras actividades sindicales y políticas garantizadas por la constitución. El contrato contenía también un salario semejante al que habían impuesto al resto de la cadena. (En enero de 1986, el ingreso anual al contado de Richard L. Knowlton, presidente de la Hormel, fue incrementado en 231 mil dólares, sumando un total de 570 mil dólares).

El contrato eliminaba el salario anual garantizado y el aviso de despido temporal con 52 semanas de antelación. También establecía el año de vencimiento del contrato en 1988, dejando una vez más a las tres instalaciones de sacrificio de ganado con distintas fechas de vencimiento: el contrato en Fremont vencería en 1986, en Ottumwa en 1987 y en Austin en 1988.

Los funcionarios del UFCW recomendaron —o mejor dicho, insistieron— que el P-9 aceptara la propuesta del mediador y que la Secretaría Nacional condujera una votación por correo. En cambio, el Local P-9 sostuvo una asamblea el 21 de diciembre para discutir el contrato y prepararse para la votación que tendría lugar la semana próxima. En votación secreta, los miembros del P-9 rechazaron la propuesta del mediador por un margen de más de dos a uno. Los funcionarios nacionales desafiaron los resultados de la votación, exigiendo que se realizara por correo. Y así se hizo, pero el contrato fue rechazado nuevamente.

El 13 de enero de 1986 la Hormel abrió sus puertas a los rompehuelgas, aunque no fueron muchos los que pudieron cruzar las líneas de piquetes ni las grandes manifestaciones de los simpatizantes del P-9.

Mientras la policía local y sus agentes bajo la dirección de Wayne Goodnature, sheriff del condado de Mower, intentaban destruir las líneas de piquetes, el presidente Wynn del UFCW enviaba un mensaje al presidente Guyette del P-9. En él, Wynn se negaba a ratificar el uso de las unidades de los piquetes móviles o el boicot a la Hormel, declarando: "El boicot a los productos Hormel producidos bajo el acuerdo de la cadena, la cual cuenta con uno de los mejores salarios y condiciones de la industria, minaría aquellos puestos de trabajo sindicalizados en los que se pagan salarios de 10 dólares la hora, simplemente para intentar asegurar los 10.69 dólares la hora por los que han luchado sin éxito durante

13 meses en Austin". Y le insistía a Guyette que "los dirija de nuevo al trabajo…"

* * *

De esta manera, Wynn sentó las bases para la próxima maniobra de la Hormel: hacer que el gobernador de Minnesota Rudy Perpich, del Partido Demócrata-Agrícola-Obrero —como se llama al Partido Demócrata en Minnesota— enviara a la Guardia Nacional del estado.

El 20 de enero de 1986 llegaron los efectivos de la Guardia Nacional a Austin, y para el 23 de enero ya estaban escoltando a los rompehuelgas —que en su mayoría no eran miembros del sindicato— a través de las líneas de piquetes.

El 26 de enero, el P-9 convocó a un boicot nacional contra los productos Hormel. Al día siguiente, el local envió sus unidades de piquetes móviles a otras plantas de la cadena Hormel, entre ellas las de Ottumwa y Fremont.

En Ottumwa la gran mayoría de los 750 trabajadores que forman la plantilla se negaron a cruzar las líneas de piquetes. (Las cruzaron los antiguos dirigentes de la unidad Ottumwa 431, reemplazados en las elecciones que siguieron a la firma del contrato en que entregaron concesiones).

La Hormel despidió a unos 500 trabajadores de su instalación en Ottumwa y ha "reemplazado permanentemente" a 27 de ellos en Fremont, alegando que realizaban una "huelga de simpatía". Se clausuraron las operaciones de sacrificio y despiece en Ottumwa y desde entonces han permanecido cerradas.

Los funcionarios de la Secretaría Nacional enviaron sus representantes a las distintas plantas de la Hormel para instar a los trabajadores a que cruzaran las líneas de piquetes del P-9.

Diez días después de que llegara la Guardia Nacional a Austin y tres días después de que el P-9 extendiera sus líneas de piquetes a otras plantas de la Hormel, el presidente Wynn del UFCW envió un telegrama a los locales de la cadena Hormel que, en parte, decía: "Rogers se ha ungido como Ayatola de Austin y ha convertido en rehenes a nuestros miembros de las otras plantas de la Hormel".

El P-9 lo veía de una manera diferente. El local estaba dando a los sindicalistas de las otras plantas la oportunidad de unirse a la lucha. Fueron los miembros del P-9 los que decidieron extender las líneas de piquetes, no Rogers. Él no era miembro del Local P-9.

Los obreros de Fremont que perdieron sus puestos de trabajo pudieron acogerse al seguro de desempleo, pero inicialmente no ocurrió lo mismo con los trabajadores de Ottumwa, quienes además de ser excluidos del mismo no recibieron dinero alguno del fondo de huelga. Al principio tuvieron que depender de las contribuciones económicas y de alimentos conseguidas por su propio grupo de apoyo, el cual fue lanzado por las esposas de cuatro trabajadores despedidos. Corporate Campaign, Inc. contribuyó a recaudar fondos.

A petición de los trabajadores despedidos, el P-9 retiró la línea de piquetes de la planta de Ottumwa el 21 de febrero. Inmediatamente después, los 500 obreros despedidos se dirigieron hacia la puerta de la planta para ocupar sus puestos de trabajo. Pero se encontraron con que las puertas estaban cerradas con cadenas y candados, a pesar de las promesas del director de negocios del Local 431, Louis DeFrieze, de que serían readmitidos.

El lockout o cierre patronal realizado por la Hormel contra los trabajadores de Ottumwa obligó posteriormente a las autoridades de Iowa a declararlos aptos para recibir seguro de desempleo. Los despidos fueron apelados bajo una cláusula del contrato de los obreros de Ottumwa protegiendo su derecho a respetar las líneas de piquetes autorizadas.

* * *

Mientras tanto, la presencia de la Guardia Nacional en Austin, combinada con arrestos en gran escala y órdenes judiciales limitando el número de piquetes, permitió que la empresa contratara cientos de rompehuelgas para continuar sus operaciones, aunque de una forma más reducida. Para el 26 de febrero la planta de Austin estaba sacrificando 2 300 cerdos al día, en comparación con los 6 mil que sacrificaba diariamente en condiciones normales.

Por otra parte, el papel que jugó la Guardia Nacional hizo que la huelga del P-9 se convirtiera en una noticia de primera plana por todo el país. Millones de trabajadores oían de ella por primera vez. La reacción natural de los sindicalistas era de simpatizar con los huelguistas del P-9 y considerar la utilización de la Guardia Nacional para aplastar la huelga como una amenaza para todo el movimiento obrero. El trabajo de apoyo y solidaridad con el P-9 conseguía ahora aun mejores resultados que antes.

* * *

Menos de una semana después de que la Guardia Nacional llegara a Austin, 300 sindicalistas de Minneapolis y St. Paul se manifestaron ante la mansión del gobernador en St. Paul para exigir la retirada de las tropas. El 29 de enero de 1986, unas mil personas participaron en un acto público en Ottumwa en solidaridad con los obreros despedidos.

El 4 de febrero se formó en Nueva York un grupo de apoyo con el P-9, emitiendo un comunicado firmado por

48 funcionarios sindicales y prometiendo enviar una delegación a Austin. El 15 de febrero, entre las 3 mil personas que participaron en un acto de solidaridad en Austin se encontraban 30 funcionarios sindicales de Nueva York y 300 representantes sindicales de todo el país. Más tarde, el 14 de marzo, el comité de apoyo de Nueva York organizó un acto público que atrajo a unas mil personas y se comprometió a adoptar a 100 familias del P-9.

En vez de quedar aislada, la lucha del P-9 se convirtió en centro de atención y solidaridad nacional del movimiento obrero. Esto no se debía simplemente a la extensa publicidad que recibieron, sino a los esfuerzos de los propios huelguistas. Decenas de miembros del P-9 y algunos de los trabajadores despedidos de Ottumwa y Fremont se desplazaron por todo el país para hablar ante cientos de sindicatos locales.

En todos los lugares donde tenían la oportunidad de dirigirse a sindicalistas de base, recibían la solidaridad entusiasta de los trabajadores, que mostraban su agradecimiento al saber que, en algún lugar del país, otros sindicalistas estaban manteniendo una seria batalla contra los esfuerzos de las corporaciones y del gobierno para reducir el nivel de vida de los obreros norteamericanos.

En respuesta a esto, los funcionarios nacionales del UFCW incrementaron su ofensiva contra el P-9 e hicieron todo lo que estaba a su alcance para minar esta solidaridad. Por ejemplo, el 4 de marzo de 1986, el Local 780 del sindicato sideromecánico IAM (International Association of Machinists) envió una carta al presidente Wynn del UFCW incluyendo un cheque de 10 mil dólares para el fondo de adopción de familias del P-9. Wynn devolvió el cheque al local del IAM con una carta fechada el 14 de marzo que decía:

"Si desean actuar en contra de nuestras indicaciones, a

pesar de que hemos solicitado que las contribuciones para apoyar a los huelguistas reemplazados del P-9 sean enviadas a nuestra región para ser directamente distribuidas a los miembros y no al Local P-9/Fondo para Adoptar una Familia de Corporate Campaign, hagan el favor de hacerlo ustedes mismos. Además, la próxima vez que se lo quieran meter al UFCW, hagan el favor de no pedirnos que les hagamos una reverencia y cooperemos".

Las oficinas centrales del UFCW elaboraron un documento especial de 16 hojas de longitud, fechado en febrero de 1986, que se envió por toda la nación a los funcionarios de la AFL-CIO. Se titulaba "Informe especial: El Local P-9 del UFCW sale en huelga contra la Hormel: La perspectiva de la Secretaría Nacional" *(Special Report: UFCW Local P-9 Strikes Hormel: The International Union's Perspective)*. En él se declaraba:

"A pesar de ser un negociador difícil, la Hormel no ha rechazado la negociación colectiva de buena fe".

Repetía la acusación de que el P-9 había roto con la cadena Hormel y acusaba a Ray Rogers de arengar a las filas del P-9 hasta ponerlos en un estado de ánimo irrazonable. También contenía la siguiente descripción escandalosa:

"Se debe reconocer, objetivamente, la calidad de la organización y comunicación generada por la campaña anti-corporación. Se aprovechó al máximo de las legítimas quejas de los miembros en Austin, aunque no contaba con una visión precisa de la situación ni con una serie razonada de opciones realistas. Los agasajó con animados actos públicos, manifestaciones y literatura.

"Pero todo era prestidigitación y castillos de arena. Carecía de la sustancia y el empuje necesarios para obligar a la compañía a ceder en la mesa de negociaciones, pero la irritó lo suficiente como para provocar su cólera, su resentimiento y una imprudente rigidez y beligerancia en las oficinas centrales de la corporación.

"En lo inmediato, Rogers y Guyette lograron manipular una institución democrática, respetuosa de la autonomía local, *al obtener el apoyo de la mayoría* [de los miembros de base del P-9]. El caudal de propaganda ha sido imaginativo e incesante. En su utilización de la técnica de repetir las cosas hasta que se crean como verdades, habrían provocado la envidia del ministro de propaganda nazi José Goebbels". (Énfasis mío).

Los funcionarios nacionales, como siempre, dirigían sus ataques contra Rogers y Guyette, pero lo que les molestaba realmente era la innegable realidad de que no podían doblegar a la mayoría de los miembros de base del sindicato. Su siguiente maniobra fue simplemente la de actuar por encima de la mayoría.

Según Wynn, el 4 de marzo de 1986 el Comité Ejecutivo Nacional del UFCW retiró unilateralmente su aprobación a la huelga del P-9 contra la Hormel, medida que entraría en vigor el 14 de marzo. La junta emitió una orden a los funcionarios del Local P-9 para que "cesen la huelga y todas las actividades relacionadas con la misma, incluyendo la extensión de las líneas de piquetes no ratificadas en otras instalaciones y el boicot no ratificado de los productos Hormel, y para que se ofrezcan a regresar al trabajo en nombre de todos los que quedan en huelga..."

La orden declaraba también que no otorgarían más prestaciones a los que continuaran la huelga, pero que "la Secretaría Nacional y la Región 13 concederán asistencia económica con posterioridad a la huelga a los huelguistas reemplazados que no violen esta orden al participar en líneas de piquetes no autorizadas o al realizar el boicot no autorizado".

Los miembros del Local P-9 se reunieron el 16 de marzo y por votación decidieron continuar la huelga y las activi-

Arriba: obreros y simpatizantes de Ottumwa (Iowa) marchan en Austin el 12 de abril de 1986, bajo la consigna "Respetamos las líneas de piquetes". Abajo: "No queremos llegar a ser rompehuelgas cuando seamos grandes". Jóvenes de Austin apoyan la huelga del P-9.

dades relacionadas con la misma, incluido el boicot.

El 19 de marzo de 1986, el presidente William Wynn del UFCW envió una carta a los miembros del P-9 ordenándoles que presentaran a la compañía una oferta incondicional de regresar al trabajo inmediatamente. Los funcionarios nacionales enviaron también dos impresos diciendo a los miembros que los llenaran y los devolvieran por correo. Uno iría dirigido a la empresa, ofreciéndose incondicionalmente a regresar al trabajo, y el otro a la Secretaría Nacional en demanda de las "prestaciones posteriores a la huelga". La última carta contenía también un recuadro en su parte inferior para que el miembro del sindicato marcara si había enviado su ofrecimiento incondicional de regresar al trabajo. Los funcionarios de la Secretaría Nacional ahora estaban concediendo prestaciones económicas a los miembros del P-9, pero solo si éstos se ofrecían a trabajar de rompehuelgas.

***

El 24 de marzo, Wynn informó al P-9 que se habían comenzado los procedimientos para intervenir al local (trusteeship). El pretexto era que el local había desafiado la carta del 13 de marzo que exigía el cese de las actividades relativas a la huelga y el ofrecimiento de regresar al trabajo bajo las condiciones de la compañía. Estas condiciones eran las contenidas en el contrato que la empresa había puesto en práctica después de comenzada la huelga y bajo el cual trabajaban los rompehuelgas. El contrato vaciaba de todo contenido el sistema de antigüedad en el interior de la planta, eliminaba el salario anual garantizado y las 52 semanas de aviso antes de ser despedido temporalmente, permitía la contratación de trabajadores temporales sin derecho a prestaciones, dejaba al criterio de la empresa todo lo relativo a seguridad laboral y contenía una doble escala salarial con una diferencia permanente de un dólar menos la hora para los nuevos empleados. Por lo tanto, el salario base para los trabajadores empleados antes de la huelga sería de 10 dólares la hora. Los nuevos empleados comenzarían con 8 dólares; recibirían 8.50 después de seis meses; y 9 dólares después de un año, sin incrementos salariales por el costo de la vida.

Una de las condiciones era que los rompehuelgas conservaran sus puestos de trabajo, sin garantía alguna de volver a dar trabajo a los huelguistas.

De esta manera, los funcionarios nacionales del UFCW estaban tomando una medida sin precedentes, al intervenir al local con el propósito de aplastar la huelga.

A mediados de abril la Secretaría Nacional condujo una serie de audiencias en Minneapolis en torno a la intervención del local. El funcionario a cargo de las mismas se negó a escuchar testimonios que tuvieran que ver con las cuestiones centrales, limitándose a admitir como evidencia solo aquello que confirmara o negara si el local había desafiado la orden del 13 de marzo. Por lo tanto, el resultado de estas audiencias estaba determinado de antemano.

El 9 de mayo de 1986 el Comité Ejecutivo Nacional del UFCW intervino oficialmente al Local P-9, suspendiendo de sus cargos a los funcionarios y nombrando a un administrador, Joseph T. Hansen, para reemplazarlos. Según las normas de intervención, Hansen no necesitaba convocar asambleas de los miembros del local y contaba con plenos poderes para gobernar al local como si fuera un dictador durante 18 meses. Sin embargo, los funcionarios nacionales no tenían el suficiente apoyo en Austin como para imponer sus normas, así que apelaron ante un tribunal federal para su puesta en vigor. El Local P-9 intentó conseguir del mismo tribunal una orden contra la intervención.

Mientras tanto el P-9 continuaba la huelga, con las líneas de piquetes, el boicot a los productos Hormel y los actos de solidaridad.

El 11 de abril, la policía atacó a los miembros del P-9 y sus simpatizantes frente a la planta, dispersándolos finalmente con gases lacrimógenos. Detuvieron a 18 personas, incluyendo a Guyette y Rogers. Los 18 fueron acusados de causar un "disturbio delictivo". (Con anterioridad, el 6 de febrero, habían arrestado a 27 piquetes cerca de la entrada de la planta y Ray Rogers fue acusado de "sindicalismo criminal", una ofensa legal, según la legislación del estado, que conlleva una sentencia de cinco años de cárcel. El Comité Nacional de Emergencia para las Libertades Civiles —National Emergency Civil Liberties Committee— defendió a Rogers, manteniendo que la ley violaba la Constitución de Estados Unidos. Los cargos fueron retirados en abril).

El 12 de abril tuvo lugar una manifestación de 5 mil miembros y simpatizantes del P-9 por las calles de Austin. Entre ellos se encontraban sindicalistas de 40 estados. En el acto público celebrado más tarde ese mismo día tomaron la palabra funcionarios de sindicatos locales de todo el país, así como el dirigente de una organización de agricultores de Missouri. Como parte de estas jornadas de solidaridad, Jesse Jackson se dirigió ante unas mil personas en una iglesia la tarde siguiente.

Debido a la presión ejercida por el administrador Hansen, algunos huelguistas del P-9 que estaban atrasados en el pago de sus hipotecas recibieron circulares de los bancos indicándoles que, a menos que firmaran su incondicional vuelta al trabajo, enfrentaban la pérdida de sus hogares.

A pesar de todo esto, los huelguistas del P-9 —ahora unos 900— permanecieron firmes, subsistiendo con los fondos, alimentos y ropa conseguidos a través de sus propios esfuerzos y los de sus simpatizantes. El comité de comunicación del local continuó enviando a los miembros del P-9 por todo el país, explicando la verdad sobre su lucha.

El 2 de junio, Edward Devitt, juez del tribunal federal de distrito en Minnesota, confirmó la validez legal de intervenir al local y emitió una orden judicial exigiendo que los funcionarios del P-9 renunciaran de sus cargos, no participaran en ninguna actividad relativa a la huelga y entregaran al administrador las propiedades del local, incluyendo sus oficinas, archivos y finanzas.

Bajo la posibilidad de ser convictos de una ofensa federal si violaban la orden del juez, los funcionarios del P-9 la acataron protestando enérgicamente.[10]

Las líneas de piquetes oficiales del P-9 fueron retiradas de la planta y los archivos y las llaves de las oficinas entregados al administrador.

Hansen hizo una oferta general a la compañía declarando que todos los miembros del P-9 estaban dispuestos

---

10. Los funcionarios del Local P-9 que en aquel momento fueron obligados a renunciar de sus cargos eran: el presidente Jim Guyette, el vicepresidente Lynn Huston, la secretaria de finanzas Kathy Buck, el agente de negocios Peter Winkels y los miembros de la Junta Ejecutiva Floyd Lenoch, James Retterath, Carl Pontius y John "Skinny" Weis.

Aunque ésta era la "nueva" dirección elegida entre 1980 y 1985, no carecía de una gran experiencia en la industria. Todos ellos, excepto Huston y Buck, habían trabajado tanto en la planta antigua como en la nueva. Huston fue empleado en 1982 y Buck en 1983. Con anterioridad Buck había trabajado durante nueve años en las oficinas centrales de la compañía.

Guyette tenía 17 años de experiencia en las plantas de Austin, Winkels y Retterath 18, Lenoch 39 y Weis 42. Carl Pontius había trabajado 20 años en la instalación de la Hormel en Ft. Dodge (Iowa), que dejó de funcionar en 1981. También trabajó en la planta de Dallas (Texas) antes de trasladarse a Austin. En Ft. Dodge había ocupado cargos sindicales durante el tiempo que el local perteneció al Sindicato Unido de Obreros de la Carne (United Packinghouse Workers), y posteriormente en el Sindicato Combinado de Obreros de la Carne (Amalgamated Meat Cutters).

a regresar incondicionalmente a sus puestos de trabajo. Sin embargo, la empresa no los readmitió. Las autoridades del estado de Minnesota, entonces, establecieron que los trabajadores desempleados de la Hormel podían acogerse al seguro de desempleo.

El administrador Hansen y sus agentes no ocuparon inmediatamente las oficinas del Centro Obrero de Austin, sino que sus operaciones las realizaban desde una pequeña oficina en la calle Main a unas manzanas de distancia.

Consiguieron que el banco inmovilizara todos los fondos del P-9, hicieron que la oficina de correos confiscara todo el correo del P-9 y de los funcionarios suspendidos que iba dirigido a la sede del sindicato en Austin, lograron que la compañía de teléfonos cortara todo el servicio telefónico que figuraba bajo el nombre del P-9 e hicieron cesar la recogida de la basura. Hansen intentó también apropiarse de los fondos del Grupo de Apoyo Unido.

Era precisamente por esos días cuando los miembros del P-9 y el grupo de apoyo organizaron un campamento de una semana en Austin, del 23 al 28 de junio, al que llamaron Ciudad Solidaridad (Solidarity City). Los preparativos se realizaron en lo que les quedaba del Centro Obrero de Austin donde todavía se localizaban la cocina de la huelga, el salón de actos y las oficinas del Grupo de Apoyo Unido. (El administrador y sus agentes tenían solo las llaves de las oficinas del P-9 propiamente dichas).

La interferencia del administrador respaldado por la orden del tribunal federal fue un auténtico estorbo en la organización de estas actividades, y en particular la falta de un servicio telefónico adecuado durante unas dos semanas. Sin embargo, Ciudad Solidaridad obtuvo un modesto éxito, coronada con una manifestación de más de mil personas en la que participaron sindicalistas de unos 30 estados del país.

Entre otras cosas Ciudad Solidaridad fue una importante experiencia educativa. Los sindicalistas y activistas en otros movimientos tuvieron la oportunidad de intercambiar puntos de vista y dialogar con algunos de los oradores en el acto público, como el monseñor Charles Owens Rice, sacerdote de Pittsburgh (Pennsylvania) simpatizante del movimiento sindical; Vernon Bellecourt, del Movimiento Indígena Norteamericano (AIM, American Indian Movement); Crystal Lee Sutton, la auténtica "Norma Rae" (nombre del personaje de la película del mismo título acerca de la campaña de sindicalización del gigantesco complejo textil J.P. Stevens en Carolina del Norte); Carla Whittington, de la Organización Nacional para la Mujer (NOW, National Organization for Women); Jerry Parks, activista en las protestas agrícolas en Chillicothe (Missouri); y Enoch Duma, activista contra el apartheid en Sudáfrica.[11]

En varias ocasiones durante las actividades en torno a Ciudad Solidaridad, los miembros del P-9 elogiaron el importante papel jugado por las mujeres en conseguir apoyo para la lucha contra la Hormel por medio del Grupo de Apoyo Unido.

Jan Butts, presidenta del grupo, explicó el impacto

---

11. "Durante el curso del año, se establecieron nuevos acuerdos para servicios técnicos y licencias con la Renown Food Products Corporation de la República de Sudáfrica, y con la HaiTai Confectionery Company Ltd. de la República de Sudáfrica". Tomado del *Geo. A. Hormel & Company Annual Report, 1984*.

Los obreros sudafricanos de la Renown están representados por el Sindicato de Trabajadores de Repostería, Alimentos y Afines (SFAWU, Sweet, Food and Allied Workers Union), afiliado al Congreso de Sindicatos Sudafricanos (COSATU, Congress of South African Trade Unions). David Makhema, secretario general del SFAWU, señaló que su sindicato deseaba "expresar solidaridad con los huelguistas de la Hormel. Haremos todo lo posible para ayudarlos". También afirmó que la Renown está "completamente en contra de los sindicatos".

que había tenido en estas mujeres su participación en la huelga: "Ahora, en las asambleas participan y se expresan mujeres que antes jamás se habrían creído capaces. Están defendiendo lo que realmente creen".

También estaban presentes durante las actividades de esa semana los miembros de la Próxima Generación del P-9 (P-9 Future Generation), una organización local de apoyo formada por los estudiantes de escuela secundaria de Austin.

* * *

En el curso de Ciudad Solidaridad, los miembros del P-9 explicaron sus últimas acciones en la lucha contra la Hormel. Los funcionarios nacionales del UFCW habían estado realizando durante un par de años una campaña pública e ininterrumpida para aplastar la rebelión del Local P-9. La imposición de la dictadura de Hansen sobre el local y la suspensión de la huelga eran los dos ataques más recientes en esta campaña. Una vez más, los miembros del P-9 enfrentaban dos alternativas: rendirse o profundizar su lucha. Y una vez más decidieron tomar el segundo curso.

Cientos de ellos firmaron la solicitud presentada ante la Junta Nacional de Relaciones Laborales (NLRB, National Labor Relations Board) para volver a certificarse como un nuevo sindicato. Lo llamaron el "P-9 Original".

Este nuevo sindicato daría a los miembros del P-9 una estructura democrática con la cual continuar la lucha para conseguir un contrato digno de la Hormel y para forjar un sindicato combativo y controlado por los sindicalistas de base en la industria de la carne.

Los miembros del P-9 explicaron a sus partidarios que no tomaban a la ligera la decisión de sindicalizarse fuera del UFCW. Pero las maniobras de estos funcionarios para excluirlos del sindicato, así como los grandes recursos que habían usado para intentar expulsarlos del movimiento sindical, no les habían dejado otra alternativa a los obreros de la carne de Austin.

Poco después que se diera por terminada Ciudad Solidaridad, el tribunal federal en St. Paul dictaminó que el Centro Obrero de Austin era parte de los bienes bajo el control del administrador del UFCW. El 2 de julio de 1986 se informó a los miembros del P-9 que el administrador ocuparía la sede sindical esa misma tarde. En pocas horas el Grupo de Apoyo Unido se mudó a otro edificio a dos manzanas de distancia en la misma calle y continuó realizando sus actividades.

Alrededor de esa misma fecha, la Junta Nacional de Relaciones Laborales en Minnesota informó a los que habían entregado la solicitud en favor del "P-9 Original" que ésta sería denegada en el plazo de una semana debido a que el nombre era muy similar al del intervenido Local P-9 del UFCW.

Se cambió el nombre por el de Sindicato Norteamericano de Obreros de la Carne (NAMPU, North American Meat Packers Union), se elaboró otra nueva solicitud, se obtuvieron las firmas y se entregó antes de la fecha límite. También se inauguró una oficina de NAMPU en las inmediaciones. Los simpatizantes de NAMPU vieron en todo esto el potencial para unirse tanto con otros trabajadores de la cadena Hormel como con los obreros de la carne que trabajan para otras empresas, en el curso de una lucha común.

* * *

Ya que todavía no habían tenido tiempo para arreglar un salón de actos que pudiera dar cabida a grandes asambleas, los miembros y sus simpatizantes se reunieron el 2 de julio en el parque Sutton. Tres de los oradores fueron John Winkels, su hermano Casper y el hijo de Casper, Pete. John Winkels recordó que aquel era el mismo parque en que se habían reunido los trabajadores durante aquella tarde de julio, hacía ya 53 años, cuando formaron el Local 1 del Sindicato Independiente de Todos los Trabajadores (Independent Union of All Workers).

Connie Dammen, que había trabajado en la nueva planta con anterioridad a la huelga, dijo a los presentes: "Nos han quitado el nombre. Nos han quitado la sede sindical con la que todos nos hemos llegado a encariñar. Pero la sede es de ladrillos y hormigón. No pueden quitarnos los hombres y mujeres. Y los hombres y mujeres son el sindicato".

La asamblea resolvió seguir adelante con la lucha.

7 de julio de 1986
Austin, Minnesota

Jubilados del Local P-9 se organizan en apoyo a la huelga.

"Próxima Generación del P-9", nombre de la organización de estudiantes de secundaria que apoyan la lucha contra Hormel.

Epílogo

En cierto sentido, los miembros del Local P-9 son excepcionales. Hasta que la empresa Hormel lanzó su voraz campaña en busca de concesiones entre 1978 y 1985, gozaban de salarios considerablemente más altos que la mayoría de los trabajadores de Estados Unidos. Trabajaban más duro en empleos más difíciles, sucios y peligrosos. Contaban con un sindical local más fuerte y con más dignidad en el trabajo. Muchos de ellos eran de la segunda o tercera generación en su familia que trabajaba para la Hormel.

Una proporción mucho más alta de ellos eran dueños de sus casas. Gracias a la combatividad que había mostrado durante sus comienzos el sindicato local, vivían en una localidad donde un porcentaje más alto de trabajadores que en la mayoría de los pueblos pequeños de Estados Unidos —o incluso de las grandes ciudades— gozaba los beneficios de estar sindicalizados. Debido a esto en gran parte, eran producto de un buen sistema de enseñanza, de servicios sociales dignos, y su pueblo no contaba con barrios pobres. Eran cultos y se expresaban bien. Sus expectativas eran altas.

Por todo ello, cuando les llegaron los golpes de la ofensiva patronal, los sintieron hasta lo más profundo y con el tiempo reaccionaron organizando batallas más fuertes que las que se han visto en ningún otro lugar hasta el presente.

Lo que es más importante, pudieron desarrollar de sus propias filas una dirección combativa, así como recibir buen adiestramiento y ayuda por parte de asesores que ellos mismos habían escogido. Esto significó que para dicha ayuda y asesoramiento no dependían de los funcionarios de la Secretaría Nacional, los cuales eran ajenos a los miembros del local y a la mera idea de entablar una lucha seria contra las corporaciones. Fueron capaces de hacer contacto con otras fuerzas y sostenerse moral y materialmente gracias a la solidaridad, en vez de quedarse abandonados a su suerte, como ha sucedido a tantos otros valientes y combativos sindicalistas de base.

Los huelguistas del P-9 que no abandonaron la lucha han llegado a transformarse. Tienen un dicho: "Algunos salieron en huelga por ellos mismos, y regresaron al trabajo. Algunos salieron en huelga por los demás, y siguen luchando".

Muchos de ellos han viajado a lugares lejanos para hablar ante cientos de sindicatos locales, y ante distintas organizaciones de agricultores, mujeres, afroamericanos y estudiantes, buscando su solidaridad con la lucha. Y han recibido la respuesta que esperaban, tanto en Estados Unidos como en otros países. Han derrumbado algunas de las barreras que dividen al pueblo trabajador. Ya no se consideran a sí mismos como ciudadanos de Austin, sino como ciudadanos del mundo. Saben que la Hormel tiene intereses en Sudáfrica, y dedicaron el nuevo mural en el exterior de su sede sindical a Nelson Mandela, el más destacado dirigente de la lucha contra el apartheid que lleva 22 años encarcelado en una prisión de Sudáfrica.

Pero en realidad no son muy excepcionales. De hecho, su caso es clásico. Lo que la empresa les hizo está sucediendo también al resto de la clase obrera, y va a continuar empeorándose hasta que el movimiento sindical lo pare.

En el momento en que se escriben estas líneas, los miembros originales del P-9 y sus partidarios están llevando a cabo la lucha en dos formas: por medio del Grupo de Apoyo Unido y del Sindicato Norteamericano de Obreros de la Carne. Las solicitudes entregadas por los partidarios de

NAMPU han sido aceptadas por la Junta Nacional de Relaciones Laborales, la cual está obligada ahora a establecer, dentro de un período de tiempo razonable, una fecha para que tenga lugar la elección para el reconocimiento de un sindicato en la planta de Austin.

El Local P-9 del UFCW, intervenido, será una de las opciones en la elección. NAMPU también figurará entre las posibilidades. Y en tercer lugar, los trabajadores podrán votar en contra de ser representados por cualquiera de los dos sindicatos.

Lo que tiene lugar ahora es una competición por ganar el apoyo y los votos de los trabajadores en las próximas elecciones. Ambos lados han estado realizando asambleas para presentar sus respectivas posiciones y para pedir el apoyo tanto de los que trabajan en la planta como de los huelguistas que no han sido readmitidos, pero que legalmente todavía son parte de la plantilla laboral a efectos de elecciones.

Los encargados de la compaña de sindicalización de NAMPU se están poniendo en contacto también con trabajadores en otras plantas procesadoras de carne, incluso con los obreros de la cadena Hormel, para discutir una auténtica estrategia de lucha por contratos dignos, así como por un sindicato democrático que abarque a todos los obreros de la industria de la carne. Todo esto sucede en el marco de una serie de contratos en la industria de la carne que vencen en los próximos meses. Esto pone presión sobre los funcionarios de la Secretaría Nacional del UFCW y sobre las empresas. La lucha continúa su curso.

❋ ❋ ❋

Hoy, estos obreros de la carne de Austin están luchando por transformar el movimiento sindical de Estados Unidos en lo que debe ser: un instrumento de lucha en manos de los sindicalistas de base. Es una lucha de proporciones históricas, y cuya inevitabilidad ha ido creciendo durante 40 años. Es una lucha en la que todo trabajador tiene algo en juego.

Los obreros de la carne de Austin son una prueba de lo que puede ser el movimiento obrero de Estados Unidos y de lo que debe llegar a ser. Su determinación y visión merecen ser emuladas por todos los trabajadores. Los obreros de la carne de Austin, junto con sus compañeros de Ottumwa y Fremont, merecen la solidaridad de todos.

25 de julio de 1986
Los Ángeles, California

BREVE CRONOLOGÍA DE LOS HECHOS

1933

julio–Se reconoce al sindicato en la planta de la Hormel en Austin, Minnesota.

noviembre–Tiene lugar en la empresa Hormel la primera huelga con ocupación de la década de los 30.

1940

La Hormel y el Local 9 del Sindicato Unido de Obreros de la Carne (United Packinghouse Workers of America), del CIO, firman el Acuerdo de Trabajo Permanente que se mantiene durante 38 años.

1978

El Local P-9 del sindicato de la alimentación UFCW negocia un acuerdo haciendo concesiones a la Hormel a fin de construir una nueva planta en Austin.

1981

Los funcionarios del UFCW negocian un contrato congelando los salarios a los obreros en todos los locales de la Hormel.

1982

9 de agosto–Se abre la nueva planta en Austin.

1984

mayo–Los altos funcionarios del UFCW aprueban negociaciones separadas con la Hormel para el Local 431 del UFCW en Ottumwa (Iowa); esto rompe la solidaridad entre los locales de la cadena Hormel, estableciendo contratos con distintas fechas de vencimiento.

septiembre – En reuniones de los locales de la Hormel (de las que se excluye al Local P-9) se acuerda dar concesiones siguiendo el modelo de Ottumwa.

8 de octubre – La Hormel impone un recorte salarial del 23 por ciento al Local P-9.

1985

18 de enero – Los miembros del P-9 aprueban por votación fijarse una cuota de tres dólares semanales para contratar los servicios de Corporate Campaign, Inc., de Ray Rogers.

febrero – Los miembros del P-9 comienzan a viajar a otras plantas procesadoras de carne en la región central del país para dar a conocer sus reivindicaciones.

14 de agosto – El P-9 vota en contra de la oferta final de la Hormel.

16 de agosto – El UFCW da a conocer públicamente su posición, atacando al Local P-9.

17 de agosto – 1500 obreros de la carne de Austin salen en huelga contra la Hormel.

20 de agosto – La Hormel anuncia un incremento de un 83 por ciento en sus ganancias.

19 de octubre – El P-9 unánimemente decide apoyar a cualquier sindicalista que se niegue a cruzar las líneas de piquetes móviles.

noviembre – Los funcionarios de la mayoría de los locales de la cadena Hormel piden a la Secretaría Nacional del UFCW que ratifique la extensión de las líneas de piquetes; el presidente William Wynn del UFCW rechaza públicamente la propuesta.

diciembre – La Secretaría Nacional del UFCW exige que se acepte el contrato presentado por un mediador y aceptado por la Hormel; en dos votaciones el P-9 lo rechaza.

1986

13 de enero – La Hormel abre sus puertas a rompehuelgas; Wynn exige públicamente que el P-9 regrese al trabajo.

21 de enero – Los funcionarios nacionales del UFCW dan a conocer el "libro de datos" defendiendo a la Hormel y calumniando al Local P-9.

23 de enero – La Guardia Nacional escolta a los rompehuelgas a través de las líneas de piquetes.

26 de enero – El P-9 llama al boicot contra los productos Hormel.

27 de enero – El P-9 envía unidades de piquetes móviles a otras plantas de la Hormel, entre ellas las de Ottumwa (Iowa) y Fremont (Nebraska).

6 de febrero – Arrestan a 27 piquetes cerca de la puerta de entrada; acusan a Ray Rogers de "sindicalismo criminal".

15 de febrero – Acto de solidaridad con el P-9 en Austin atrae a 3 mil personas.

21 de febrero – El P-9 retira sus líneas de piquetes de Ottumwa; los despedidos intentan regresar a sus puestos de trabajo pero la empresa realiza un lockout o cierre patronal.

14 de marzo – El Comité Ejecutivo Nacional del UFCW retira su ratificación de la huelga; los funcionarios ordenan al P-9 que dé por terminada la huelga y el boicot; se corta la ayuda económica del fondo de huelga.

16 de marzo – El P-9 vota a favor de continuar la huelga.

11 de abril – Represión policial ante la puerta de la planta; arrestan a 18 huelguistas y simpatizantes.

12 de abril – Más de 5 mil miembros del P-9 y simpatizantes se manifiestan por las calles de Austin.

9 de mayo – Los funcionarios del UFCW intervienen al P-9; Joseph T. Hansen toma control del local.

2 de junio – El juez federal Edward Devitt aprueba legalmente la intervención del local.

5 de junio – Más del 30 por ciento de los miembros del P-9 firman una solicitud para el NLRB pidiendo una elección a fin de certificar al "P-9 Original" como agente negociador de los obreros de la Hormel en Austin.

23–28 de junio – El Grupo de Apoyo Unido organiza Ciudad Solidaridad, que culmina con una manifestación de mil personas en Austin.

3 de julio–El administrador del UFCW ocupa el Centro Obrero de Austin.

7 de julio–Los encargados de sindicalización del Sindicato Norteamericano de Obreros de la Carne (NAMPU) anuncian haber entregado la solicitud para su certificación, después de que el NLRB rechazara la solicitud en favor del "P-9 Original". (El NLRB aceptaría posteriormente la solicitud).

de Pathfinder

MALCOLM X
LA LIBERACIÓN DE LOS NEGROS Y EL CAMINO AL PODER OBRERO

JACK BARNES

"No empecemos con los negros como nacionalidad oprimida. Empecemos con el papel de vanguardia y el peso de los trabajadores que son negros en las amplias luchas sociales y políticas con dirección proletaria en Estados Unidos. Desde la Guerra Civil hasta el día de hoy, el historial es asombroso. Es la fuerza y capacidad de resistencia, no la opresión, lo que nos deja pasmados".

— *Jack Barnes*

Este libro, al sacar lecciones de un siglo y medio de lucha, nos ayuda a entender por qué es la conquista revolucionaria del poder por la clase trabajadora lo que hará posible la batalla final por la libertad de los negros, y abrirá el camino a un mundo basado, no en la explotación, la violencia y el racismo, sino en la solidaridad humana. Un mundo socialista. US$20. También en inglés y francés.

Tomo complementario

EL ROSTRO CAMBIANTE DE LA POLÍTICA EN ESTADOS UNIDOS
La política obrera y los sindicatos

JACK BARNES

Sobre la construcción del tipo de partido que los trabajadores necesitan a fin de prepararse para las batallas de clases que vienen, a través de las cuales se revolucionarán a sí mismos, revolucionarán sus sindicatos y toda la sociedad. US$24. También en inglés, francés y sueco.

www.pathfinderpress.com

La construcción de un PARTIDO PROLETARIO

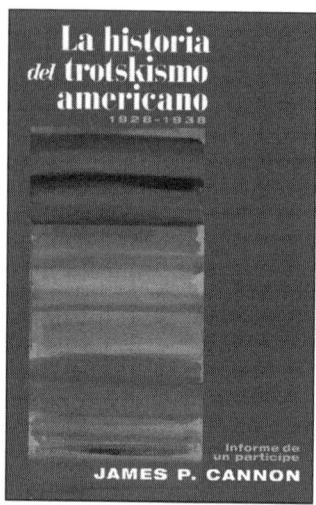

La historia del trotskismo americano, 1928–1938
Informe de un partícipe
JAMES P. CANNON

"El trotskismo no es un nuevo movimiento, una nueva doctrina", dice Cannon, "sino la restauración, el renacimiento del marxismo genuino tal como se expuso y se practicó en la Revolución Rusa y en los primeros días de la Internacional Comunista". En 12 charlas ofrecidas en 1942, James P. Cannon recuenta un período decisivo en los esfuerzos por construir un partido proletario en Estados Unidos. US$22. También en inglés y francés.

Revolutionary Continuity
(Continuidad revolucionaria: Liderazgo marxista en Estados Unidos)
FARRELL DOBBS

Cómo generaciones sucesivas de luchadores proletarios participaron en las luchas del movimiento obrero estadounidense para forjar una dirección que pudiera impulsar los intereses de clase de los trabajadores y pequeños agricultores y aliarse a trabajadores en el resto del mundo. Dos tomos en inglés:
The Early Years, 1848–1917 (Los primeros años, 1848–1917) US$20
Birth of the Communist Movement, 1918–1922
(El nacimiento del movimiento comunista, 1918–1922) US$19

La lucha por un partido proletario
JAMES P. CANNON

"Los trabajadores de Estados Unidos tienen fuerza suficiente para tumbar la estructura del capitalismo aquí en este país y para levantar con ellos al mundo entero cuando se yergan". Folleto de la serie Educación para Socialistas. US$12. También en inglés y francés.

www.pathfinderpress.com

¿Es posible una revolución socialista en Estados Unidos?
Un debate necesario
MARY-ALICE WATERS
En dos charlas, presentadas en el marco de un amplio debate en la Feria Internacional del Libro de Venezuela en 2007 y 2008, Waters explica por qué una revolución socialista es posible en Estados Unidos. Explica por qué las luchas revolucionarias del pueblo trabajador son inevitables: nos las impondrán los ataques de la clase patronal —impulsados por las crisis—. Al ir creciendo la solidaridad entre una vanguardia combativa del pueblo trabajador, se divisan ya los contornos de batallas de clases por venir. US$7. También en inglés, francés y sueco.

Cuba y la revolución norteamericana que viene
JACK BARNES
La Revolución Cubana tuvo un impacto a nivel mundial, incluso entre el pueblo trabajador y la juventud en el corazón imperialista. Conforme en Estados Unidos avanzaba la masiva lucha de base proletaria por los derechos de los negros, la transformación social por la cual combatieron y que ganaron las masas trabajadoras cubanas sentó un ejemplo: de que la revolución socialista no solo es necesaria, se puede hacer y defender. Esta segunda edición, con un nuevo prólogo de Mary-Alice Waters, debe leerse junto con *¿Es posible una revolución socialista en Estados Unidos?* US$10. También en inglés y francés.

www.pathfinderpress.com

De la dictadura del capital...

El Manifiesto Comunista
Carlos Marx, Federico Engels
El documento de fundación del movimiento obrero revolucionario moderno, publicado en 1848. Explica por qué el comunismo no es un conjunto de principios preconcebidos sino la línea de marcha de la clase trabajadora hacia el poder, una marcha que emana de "las condiciones reales de una lucha de clases existente, de un movimiento histórico que se está desarrollando ante nuestros ojos". US$5. También en inglés, francés y árabe.

El estado y la revolución
V.I. Lenin

"La relación entre la revolución socialista proletaria y el estado adquiere no solo una importancia política práctica", escribió V.I. Lenin en esta obra, terminada apenas unos meses antes de la revolución rusa de octubre de 1917. También aborda "la cuestión más cadente: explicar a las masas qué deberán hacer para liberarse de la tiranía capitalista." En *Obras escogidas de Lenin*. US$14.95

Su Trotsky y el nuestro
Jack Barnes

Para dirigir a la clase trabajadora en una revolución exitosa, se necesita un partido revolucionario de masas cuyos cuadros han asimilado con mucha antelación un programa comunista mundial, son proletarios en su vida y su trabajo, derivan una satisfacción profunda de la actividad política y han forjado una dirección con un agudo sentido de lo próximo que hay que hacer. Este libro trata sobre la construcción de dicho partido. US$15. También en inglés y francés.

www.pathfinderpress.com

...a la dictadura del proletariado

La última lucha de Lenin
Discursos y escritos, 1922–23
V.I. Lenin

En 1922 y 1923, V.I. Lenin, dirigente central de la primera revolución socialista en el mundo, libró lo que sería su última batalla política. Lo que estaba en juego era si esa revolución seguiría por el curso proletario que había llevado al poder a los trabajadores y campesinos del antiguo imperio zarista en octubre de 1917 y sentado las bases para un movimiento revolucionario verdaderamente mundial del pueblo trabajador que se organizaba para emular el ejemplo de los bolcheviques. Este libro recoge los informes, artículos y cartas mediante los cuales Lenin libró esta batalla política. US$20. También en inglés.

Trade Unions: Their Past, Present, and Future
(Los sindicatos: su pasado, su presente y su porvenir)
Carlos Marx

Además de su surgimiento inevitable como instrumentos "requeridos para luchas de guerrillas entre el capital y el trabajo", los sindicatos "ahora necesitan actuar conscientemente como centros de organización de la clase trabajadora a favor de los amplios intereses de su emancipación completa" mediante la acción revolucionaria social y política. Esta resolución, redactada por Marx para el congreso de fundación en 1866 de la Primera Internacional, aparece en *Trade Unions in the Epoch of Imperialist Decay* (Los sindicatos en la época de la decadencia imperialista), por León Trotsky. En inglés. US$16

The History of the Russian Revolution
(La historia de la Revolución Rusa)
León Trotsky

La dinámica social, económica y política de la primera revolución socialista, relatada por uno de sus dirigentes centrales. Edición completa en inglés, tres tomos en uno. US$38. También en ruso.

LECCIONES DE LAS BATALLAS OBRERAS DE LOS AÑOS TREINTA
FARRELL DOBBS

Cuatro libros sobre las huelgas y las campañas de sindicalización y políticas que transformaron al sindicato de camioneros en Minnesota y en gran parte del Medio Oeste en un combativo movimiento social. Herramientas indispensables para impulsar el trabajo revolucionario de política, organización y sindicalismo eficaz.

Rebelión Teamster
La historia de las huelgas de 1934 que forjaron el movimiento sindical industrial en Minneapolis. US$19. También en inglés, francés y sueco.

Poder Teamster
La consolidación del sindicato Teamsters en Minneapolis y su liderazgo de lucha de clases, y la campaña de sindicalización en 11 estados que por primera vez estableció la fuerza sindical en gran parte del Medio Oeste. US$19. También en inglés.

Teamster Politics
Política Teamster
Explica cómo los camioneros entre las filas dirigieron la lucha contra casos fabricados antisindicales y contra ataques de matones fascistas; la batalla por los empleos para todos; y los esfuerzos a favor de la acción política obrera independiente. En inglés. US$19

Teamster Bureaucracy
Burocracia Teamster
Relata cómo los dirigentes entre las filas de los Teamsters se organizaron para oponerse a la Segunda Guerra Mundial, al racismo y a los intentos del gobierno —apoyado por la cúpula nacional de la AFL, del CIO y de los Teamsters— de amordazar a los trabajadores con disposición de lucha de clases. En inglés. US$19

El autor, Farrell Dobbs, fue el principal organizador de estas batallas obreras durante el ascenso del CIO, y posteriormente secretario nacional del Partido Socialista de los Trabajadores.

WWW.PATHFINDERPRESS.COM

"Lo que Cuba puede ofrecer al mundo es su ejemplo"
—SEGUNDA DECLARACIÓN DE LA HABANA

Soldado de la Revolución Cubana

De los cañaverales de Oriente a general de las Fuerzas Armadas Revolucionarias

LUIS ALFONSO ZAYAS

El autor, general del ejército cubano, narra sus experiencias durante cinco décadas de la revolución. Desde sus años de combatiente adolescente en la lucha clandestina y la guerra en 1956–58 que tumbó a la dictadura apoyada por Washington, hasta las tres misiones en que se desempeñó como dirigente de las fuerzas voluntarias cubanas que ayudaron a Angola a derrotar una invasión del ejército de la Sudáfrica supremacista blanca, Zayas relata cómo él y otros hombres y mujeres comunes y corrientes en Cuba transformaron el curso de la historia y así se transformaron ellos mismos. US$18. También en inglés.

Nuestra historia aún se está escribiendo

La historia de tres generales cubano-chinos en la Revolución Cubana

Armando Choy, Gustavo Chui y Moisés Sío Wong hablan sobre el papel histórico de la inmigración china a Cuba, así como de más de cinco décadas de acción e internacionalismo revolucionarios, desde Cuba hasta Angola, y hoy Venezuela. A través de sus historias percibimos las fuerzas sociales y políticas que dieron origen a la nación cubana y abrieron la puerta a la revolución socialista en América. US$20. También en inglés y chino.

La Primera y Segunda Declaración de La Habana

En ninguna parte se abordan con mayor franqueza y claridad los problemas de estrategia revolucionaria que hoy día afrontan hombres y mujeres en las primeras filas de luchas en América que en estas intransigentes condenas del despojo imperialista y de "la explotación del hombre por el hombre". Aprobadas cada una con la fuerza de asambleas de un millón de cubanos en 1960 y 1962. US$10. También en inglés, francés y árabe.

www.pathfinderpress.com

Che Guevara habla a la juventud
ERNESTO CHE GUEVARA

En ocho charlas dadas entre 1959 y 1964, este revolucionario nacido en Argentina desafía a los jóvenes de Cuba y del mundo a estudiar, trabajar y volverse disciplinados. A ponerse en las filas delanteras de las luchas, sean grandes o pequeñas. A politizar las organizaciones en que militan y politizarse a sí mismos. A llegar a ser un tipo de ser humano diferente, a medida que luchan junto al pueblo trabajador de todas las tierras para transformar el mundo. US$15. También en inglés.

Playa Girón/Bahía de Cochinos
Primera derrota militar de Washington en América
FIDEL CASTRO, JOSÉ RAMÓN FERNÁNDEZ

En menos de 72 horas de combate en abril de 1961, las fuerzas armadas revolucionarias de Cuba derrotaron una invasión de 1 500 mercenarios organizada por Washington. Al hacerlo, el pueblo cubano sentó un ejemplo para los trabajadores, agricultores y jóvenes en todo el mundo: que dotados de conciencia política, solidaridad de clase, valor indoblegable y una dirección revolucionaria, es posible hacer frente a un poderío enorme y a probabilidades aparentemente irreversibles... *y vencer.* US$22. También en inglés.

Dynamics of the Cuban Revolution
(Dinámica de la Revolución Cubana: Una interpretación marxista)
JOSEPH HANSEN

¿Cómo se desarrolló la Revolución Cubana? ¿Por qué representa, según plantea Hansen, un "desafío intolerable" para el imperialismo norteamericano? ¿Qué obstáculos políticos ha tenido que superar? Escrito conforme avanzaba la revolución desde sus primeros días. En inglés. US$25

Marianas en combate
Teté Puebla y el pelotón femenino Mariana Grajales en la guerra revolucionaria cubana, 1956–58

La general de brigada Teté Puebla, la mujer de más alto grado en las Fuerzas Armadas Revolucionarias de Cuba, se integró en 1956, a los 15 años, a la lucha para derrocar a la dictadura de Fulgencio Batista, a quien respaldaba Washington. Esta es su historia: desde la actividad clandestina en las ciudades, hasta su papel como oficial en el primer pelotón femenino del victorioso Ejército Rebelde. Por casi 50 años, la lucha por transformar la condición social y económica de la mujer en Cuba ha sido inseparable de la revolución socialista. US$14. También en inglés.

NUEVA INTERNACIONAL N°. 5
El imperialismo norteamericano ha perdido la Guerra Fría
Jack Barnes

Al contrario de las expectativas imperialistas al inicio de los años 90 tras el colapso de los regímenes en toda Europa oriental y la Unión Soviética que se reclamaban comunistas, los trabajadores y agricultores ahí no han sido aplastados. El pueblo trabajador sigue siendo un obstáculo tenaz al avance del imperialismo, obstáculo que los explotadores tendrán que enfrentar en batallas de clases y en guerras. US$15

NUEVA INTERNACIONAL N°. 2
Che Guevara: Cuba y el camino al socialismo
Artículos de Ernesto Che Guevara, Carlos Rafael Rodríguez, Carlos Tablada, Mary-Alice Waters, Steve Clark y Jack Barnes

Intercambios de los primeros años de la Revolución Cubana y los actuales sobre las perspectivas políticas que Che Guevara reivindicó al ayudar a dirigir al pueblo trabajador en la transformación de las relaciones económicas y sociales en Cuba. US$14

NUEVA INTERNACIONAL N°. 4
La defensa de Cuba, la defensa de la revolución socialista cubana
Mary-Alice Waters

Ante las mayores dificultades económicas en la historia de la revolución durante los años 90, los trabajadores y campesinos cubanos defendieron su poder político, su independencia y soberanía, y el curso histórico que emprendieron al comienzo de los años 60. US $17

Nueva Internacional
UNA REVISTA DE POLÍTICA Y TEORÍA MARXISTAS

NUEVA INTERNACIONAL N°. 6
Ha comenzado el invierno largo y caliente del capitalismo
Jack Barnes

y *"Su transformación y la nuestra,"* resolución del *Partido Socialista de los Trabajadores*

Los actuales conflictos interimperialistas que se agudizan se ven impulsados por las primeras etapas de lo que serán décadas de convulsiones económicas, financieras y sociales y batallas de clases, y por el cambio más trascendental en la política y organización militar de Washington desde los preparativos de Washington para la Segunda Guerra Mundial. Los trabajadores de disposición de lucha de clases debemos encarar esta histórica coyuntura para el imperialismo, y derivar satisfacción al meternos "en su cara" a medida que trazamos un curso revolucionario para afrontarlo. US$16

NUEVA INTERNACIONAL N°. 7
Nuestra política empieza con el mundo
Jack Barnes

Las enormes desigualdades económicas y culturales entre los países imperialistas y semicoloniales, y entre las clases dentro de casi todos los países, se producen, reproducen y acentúan por las operaciones del capitalismo. Para que los trabajadores de vanguardia forjemos partidos capaces de dirigir una exitosa lucha revolucionaria por el poder en nuestros propios países, dice Jack Barnes en el artículo principal, nuestra actividad debe guiarse por una estrategia para cerrar esta brecha.

También en el número 7: "La agricultura, la ciencia y las clases trabajadoras" *por Steve Clark.* US$14

MUCHOS DE ESTOS ARTÍCULOS SE PUEDEN ENCONTRAR EN LAS PUBLICACIONES HERMANAS DE *NUEVA INTERNACIONAL* EN INGLÉS, FRANCÉS, SUECO E ISLANDÉS.

OBTENGA DE WWW.PATHFINDERPRESS.COM